希臘神話之門

38則故事帶你穿梭英雄的試煉和眾神的祕密

天神的恩怨情仇、英雄的冒險挑戰、凡人的奇遇傳說，看見最奇幻的希臘世界！

希臘神話不只是傳說，
更是最棒的奇幻冒險

讓我們走進奧林帕斯山，
聽聽眾神的精彩故事！

（Carolyn Sherwin Bailey）
［美］卡羅琳・舒爾文・貝利 著
侯旭明 譯

無堅不摧的阿基里斯怎麼輸的？
一顆金蘋果竟引發了一場大戰？
潘朵拉的魔盒裡面到底有什麼？

目 錄

譯者序	009
Chapter 1　希臘神話的源起	013
Chapter 2　捏黏土造人的普羅米修斯	017
Chapter 3　潘朵拉與魔盒	025
Chapter 4　巨人族的落敗	035
Chapter 5　鐵匠神兀兒肯努斯	041
Chapter 6　重見光明的俄里翁	049
Chapter 7　美神維納斯降臨凡間	055

目錄

Chapter 8	通向怪物的迷宮	063
Chapter 9	英雄柏修斯征服海洋	069
Chapter 10	飛馬佩加索斯的故事	079
Chapter 11	戰神瑪爾斯的戰敗	085
Chapter 12	米娜瓦造雅典	093
Chapter 13	卡德摩斯雕刻字母表	103
Chapter 14	米娜瓦織造圖畫	109
Chapter 15	海克力斯的神仙教母	115
Chapter 16	俾格米侏儒與巨人	123
Chapter 17	裝滿祝福的豐收號角	131

Chapter 18	青蛙們錯失的神蹟	137
Chapter 19	法厄同與太陽神的戰車	145
Chapter 20	音樂牧人阿波羅	155
Chapter 21	神最好的安排	161
Chapter 22	雅辛托斯與風信子	167
Chapter 23	失去雙耳的彌達斯王	173
Chapter 24	棄惡從善的墨丘利	179
Chapter 25	差使女孩伊麗絲的新裝	187
Chapter 26	被擄走的普洛塞庇娜	195
Chapter 27	自作自受的莽夫	203

目錄

Chapter 28	養蜂人阿瑞斯泰俄斯	209
Chapter 29	樹神波摩納的果園	217
Chapter 30	凡人賽姬與愛神邱比特	223
Chapter 31	墨蘭浦斯與他的動物朋友	231
Chapter 32	變成熊的女獵手	239
Chapter 33	格勞科斯的大冒險	245
Chapter 34	尋找金羊毛的伊阿宋	253
Chapter 35	女巫美狄亞的回春術	259
Chapter 36	一顆金蘋果引發的戰爭	265

Chapter 37	特洛伊木馬屠城記	273
Chapter 38	獨眼巨人庫克洛普斯	279
Appendix I		287
Appendix II		297

譯者序

首先，我欠希臘神話一個道歉。不開玩笑，我是真誠的，發自肺腑的。

至少，在翻譯這本書之前，希臘神話一直是被我邊緣化的一種文學形式。倒不是有什麼偏見，而是覺得故事而已，大同小異。我有一個活潑可愛的兒子，小時候我也會讀一些故事給他聽，他大一些的時候，我也會推薦他一些讀物，但是希臘神話一直不在我的書單中。用當下一句比較流行的話說，大概就是沒有眼緣吧。

為什麼會這樣呢？是其中複雜的人物關係？拗口的人物名字？還是其中有些狗血的情節（例如各種復仇和暴力）？或許這些都是其中的原因。自己本身就沒有多喜歡，就更不用說推薦給孩子了。

之所以承接這本書的翻譯工作，吸引我的不是希臘神話的題材，而是作者卡羅琳‧舒爾文‧貝利女士（Carolyn Sherwin Bailey）紐伯瑞獎（Newbery Medal）得主的身分，還有她那深入人心的《胡桃木小姐》(*Miss Hilkory*)的故事。

因為對希臘神話談不上討厭，所以也不排斥。翻譯工作按部就班地進行，我對希臘神話的認知一點一點加深，原來

譯者序

的固執觀點一點點被顛覆。現在我可以堅定地說，希臘神話確實是人類歷史文明長河中的一塊瑰寶，只有用心去讀，才會慶幸自己沒有錯過。

回到這本書本身，卡羅琳不愧是兒童文學的大師，她精選了希臘神話中有代表性的38篇，刪繁就簡，深入淺出。既保留了希臘神話的脈絡，又刪除了一些對於兒童而言晦澀或不適的內容，用淺顯直白的文字講述了其中的道理。我有一種如獲至寶的感覺，因為我又為孩子找到了一本好書。

說起希臘神話中的神，有人說他們是神化的人，有人說他們是人化的神。他們也有著喜怒哀樂，會嫉妒，也會惱羞成怒。這種代入感極強的表達形式，讓我們讀了故事，也看到了自己。

此外，希臘神話還是一種啟蒙，不管是文學、音樂、天文學還是哲學。讀希臘神話的孩子，或許會因為一篇故事而愛上寫作，或許會因為一個神而愛上一種樂器，或者會因為一個星座而迷上天文，或者因為頓悟一個道理而成了一名哲學家。就像是過去的事可能沒人記得清一樣，誰又能說得定未來的事呢？但讀了這本希臘神話，起碼就多了一種可能性。

這是一本啟蒙書。它為孩子們打開一扇窗戶，起碼他們將來不會像我一樣，在這裡因為差點錯過而一邊懊悔，一邊

慶幸。它也為孩子們點亮一盞明燈，讓他們不管選擇哪條道路，心中都有著小小而堅定的力量。

這是我的道歉書，也是一封邀請函，來吧，和我一起瞭解希臘神話！

侯旭明

譯者序

Chapter 1
希臘神話的源起

很久以前，那時候的地球比現在還要年輕 2,000 歲，世界之巔有一處名叫奧林帕斯山的奇幻之地。那是眾神生活的地方，沒有人能攀登上去，古希臘人和古羅馬人只能用充滿希望和虔誠的目光瞻仰。他們從故事中瞭解到此山的神聖，並尊重居住於此的眾神。

在神話世界中，希臘是一個甚至比其現代文明更為美好的地方。「美」是希臘人的國民理想，在其思想、文字和手工作品中都有體現。不管離家多遠，希臘人都會滿懷豪情地暢想故鄉的藍色海灣和海岸、世外桃源阿卡狄亞（Arcadia）的肥沃山谷和綿羊牧場、希臘古都德爾菲（Delphi）的神聖小樹林，還有他們的運動健兒在雅典參加各項賽事的崢嶸歲月。在奧林匹亞（Olympia）廣袤的平原上，堪稱世界上最為完美的神廟和雕像星羅棋布。當希臘人回到故里，他們心心念念的景象會出現在眼前：國旗在科林斯（Corinth）港口上空

Chapter 1　希臘神話的源起

飄揚，底比斯（Thebes）卡德摩斯（Cadmus）王子的古堡高聳入雲。

那時的人們懵懂無知，沒有任何地理、歷史或科學書籍向他們解釋生活的奧祕，一切只能憑自己去探索。古羅馬人與古希臘人一樣，有著對真相相同的渴望，也同樣熱愛著自己的國家。他們也建造了自己的神廟，把精心雕琢和鑲嵌的每一塊石頭當成他們接近眾神居所的晉身之階。

但是，對於古希臘人和古羅馬人而言，這些神到底是誰？對眾神的信仰到底意味著什麼呢？

在 2,000 年間，地球發生了某些變化。汽車取代了戰車，蒸汽機船取代了帆船；書籍可以告訴我們為什麼總是會有冬去春來，以及勇氣為什麼比懦弱更好。但我們依然有著難捱的嚴冬以及最困頓的時光，我們的身邊依然有著戰爭、饑荒和犯罪，也存在著與古希臘和古羅馬相同的和平、富足與愛。唯一的區別在於，我們比古人更懂那麼一點點生活。古人試圖探尋生活真相、解釋奇蹟，以及透過與奧林帕斯山上那些高高在上的眾神的日常交流，讓自己的行為更有目標和方向。

傳說，奧林帕斯山頂上有一扇雲門，由一位被稱為「四季之神」（Seasons）的女神司掌。她負責打開和關閉這扇雲門，以讓山中的居民下入凡間或返回仙界。朱比特（Jupiter）

是眾神的統治者。他端坐在奧林帕斯山的王座上，威力無比的雙手中緊握著霹靂和閃電。在天上，眾神也有著與凡人相同的藝術創作和日常勞動。米娜瓦（Minerva）和她的侍女「美惠三女神」（The Graces）一起，為眾女神織造衣物。這些衣物無論是色彩還是紋理，都絕非人類手工製作所能及。兀兒肯努斯（Vulcan）使用熠熠發光的黃銅為眾神建造了房屋。他還鍛造出了金靴，讓眾神可以自由來去；為戰馬裝上了蹄鐵，使戰車可以在水面上掠過。赫柏（Hebe）為眾神製作甘露和佳餚，並親自奉上供他們享用。瑪爾斯（Mars）司掌戰爭，而阿波羅（Apollo）則在戰爭結束時用豎琴奏響代表勝利與和平的樂曲。刻瑞斯（Ceres）悉心照料和保護農田裡的莊稼。維納斯（Venus）穿著四季之神為她量身打造的美麗衣冠，表達著不同的人類民族、無法說話的動物以及其他所有的物種對愛的美好渴望。

他們和其他眾神一起，構成了如同人類一樣龐大的不朽家族，但顯然他們對生命及其意義有著更高層次的理解。他們分別居住在神山上不同的位置，但也會時不時下凡間，體驗人類的生活。他們有時會出現在鐵匠鋪前，有時會出現在豐收的田野上。他們有時候會隨著森林沙沙作響的樹葉輕輕哼唱，有時會在戰場上方為勇士吶喊助威。他們會守護羊群，會為比賽中的勝利者加冕，也會將勇士的英靈帶到極樂

Chapter 1　希臘神話的源起

世界。他們喜歡冒險和戶外運動。他們會體驗人類幸福，並感受人間疾苦。這些神是古人日常生活的忠實伴侶，並且帶給人類經典和藝術的寶貴財富。

當您在品讀羅馬盲詩人荷馬（Homer）[01]以及奧維德（Ovid）[02]和維吉爾（Virgil）[03]的詩作，或欣賞圓柱形的希臘神廟及阿波羅雕像的攝影作品，或鑑賞圭多‧雷尼（Guido Reni）[04]的曙光女神奧羅拉（Aurora）高舉火把照亮天空的油畫時，您就是踩著這些古老的踏腳石在一步步靠近神聖的奧林帕斯山。迄今為止，神話是人類最偉大的寫作、建築、雕塑和繪畫的靈感泉源，並且其意義遠超於此。

在古代城市的廢墟中，人類發現了一座神廟，它的祭壇上刻有一段奇怪的題字：「未識之神」（Unknown God）。這座神廟坐落在馬爾斯山（Mars Hill）上，超脫於戰亂所帶來的驚恐，為人類帶來了新的希望。

「神話」一詞的意思就是講述故事。神話雖然是故事，卻是最為美好，並且最值得去聆聽的故事。因此，那些編寫並講述這些故事，並且像神一樣生活過的人們，覺得有必要再為自己建造另一座最後的祭壇，也就是這座精神祭壇。

---

[01]　荷馬（Homer）：西元前9世紀前後的希臘盲詩人。
[02]　奧維德（Ovid）：古羅馬詩人。
[03]　維吉爾（Virgil）：古羅馬詩人。
[04]　圭多‧雷尼（Guido Reni）：義大利波隆那畫派畫家，以其神話和宗教題材作品中所表現的古典的理想主義著稱。

Chapter 2
捏黏土造人的普羅米修斯

「世界是如何被創造的？」每個孩子都會在某一瞬間產生這樣的疑問。

在神話剛出現的時候，孩子們也有這樣的疑問。古希臘的老師是這樣告訴他們的：宇宙在創立之初是一個巨大的混沌，直到眾神離開了他們的寶座，在自然之神的幫助下，將所有的事情理順，並賦予世界秩序。他們首先將陸地與海洋分開，然後從陸地和海洋中分離出了天空。宇宙起初是一團熊熊燃燒的火焰，後來最為熾烈的部分升騰而起，形成了天空。空氣懸浮在天空之下。水很重，因此流向最低窪的位置，並填滿了陸地上的坑谷。

就像我們用一團黏土捏成不同的形狀一樣，據說諸神當中有一位參與了凡間的塑造。他設定了河流和海灣的位置，讓山脈從地面上隆起，還設定了大片的森林和肥沃的田野。隨後，成群的魚兒在水中嬉戲，眾多的鳥兒在叢林中自由飛行和築巢，四足動物也開始隨處可見。

Chapter 2　捏黏土造人的普羅米修斯

普羅米修斯捏黏土造人

但是這時的大地還不能真正稱得上已經完工，在地面上棲居的泰坦（Titans）種族有兩個巨人兄弟——普羅米修斯（Prometheus）和艾比米修斯（Epimetheus），他們可以用雙手創造出任何神奇的事物。普羅米修斯拿起一點點新鮮的

黏土，然後開始把玩。他看到了裡面藏著一些來自天上的種子，雖然很小，但足以激發起他的奇思妙想。普羅米修斯在這一小把土和種子中加了一些水，仔細地搓揉，然後巧妙地捏成與神一樣的形狀。這個黏土捏成的生物站得筆直，不像四足動物那樣雙眼低垂望向地面，而是高仰著頭望向天空。此時，混沌初清，太陽和星辰閃耀。

普羅米修斯就這樣創造出了人類。

當普羅米修斯完成這項創舉的時候，他的兄弟艾比米修斯正投身於另外一項使命。他賦予地面上其他生物以必要的能力，使牠們能夠照顧自己：一些獲得了勇氣，一些獲得了智慧，一些獲得了力量，而另一些則獲得了敏捷。每種生物都獲得了牠們迫切需要的能力。行動遲緩的海龜獲得了保護自己的硬殼；兇猛的蒼鷹獲得了捕獲獵物的利爪；鹿長出了修長的四肢；鴿子有了飛翔的翅膀；綿羊長出了可供人類修剪使用的羊毛，並且可以一直重新生長；馬、駱駝和大象有了可以背負重物的強大力量。

艾比米修斯對他的兄弟所創造的人類深感興趣，但他認為人類可能會受到當時盤踞在森林裡的眾多野獸的威脅。於是，他向普羅米修斯提了一些建議。普羅米修斯拿起一支火炬，從森林抄近路趕上了阿波羅的太陽神車。他趁機點燃了火炬，就這樣將火種帶到了凡間。

Chapter 2　捏黏土造人的普羅米修斯

　　這可能是他帶給人類的最為有用的禮物。地球上的第一個人類已經開始挖掘洞穴，並在樹林中用樹枝和樹葉建造小屋作為自己的棲身之所。現在，地球上有了火種，他就可以點燃熔爐，並將金屬鍛造為武器和工具；他可以用自己親手製作的長矛擊退野獸，並用斧子砍伐樹木，為自己建造更為牢固的家；他製造了一個犁鏵，用艾比米修斯的牛在田野中耕種穀物。

　　對於人類和他們的子嗣而言，地球的確是一個非常理想的居住之地。但一段時間過後，各種意料之外的事情開始不斷出現。其中最為奇怪的是，普羅米修斯用黏土和來自天上的種子混合後捏成的人類，似乎成為大部分問題的根源。人類使用斧頭將森林砍伐殆盡，只為了獲得建造戰船和城鎮防禦工事的木材。他們還鍛造了寶劍、頭盔和盾牌。海員們揚帆出航，打破了海面慣常的平靜。人類已經不滿足於地面所能給予他們的資源，轉而向地球的深處挖掘，開採出黃金和珍貴的寶石。為此，人類陷入了無休止的爭鬥，每個人都希望比周圍的人更加富有。土地被分成了小塊，每個人都想將他人的土地據為己有，這也成為戰爭的另一個根源。

　　甚至眾神也開始在其中推波助瀾。

　　起初，在鍛造爐中的熊熊烈火被點燃之前，人類曾經有過一個黃金時代。田地可以提供人類所需的所有食物，鮮花

隨處盛開而無須播種，河流中流淌著甘醇的牛奶，濃鬱的金色蜂蜜能被蜜蜂釀造出來。但是眾神隨後決定讓人類進入白銀時代。與黃金時代相比，白銀時代顯得不那麼令人愉快。眾神之王朱比特縮短了春天的時間，並將一年分為四季，人類因此必須經歷夏日的酷熱和冬日的嚴寒。接著是青銅時代和黑鐵時代，人類陷入了無休止的戰爭與貪欲之中。

最後，朱比特決定讓人類受到進一步的懲罰。他將吹散雲朵的北風囚禁起來，然後釋放出讓天空陰雲密佈的南風。狂風捲集著烏雲，帶來了傾盆大雨。莊稼被撲倒，農夫一年的辛勞換來了顆粒無收。朱比特甚至還喊來了自己的兄弟海神涅普頓（Neptune），讓河流失控並灌滿農田。他透過地震讓土地撕裂，以至於海水漫過了海岸。在這樣一場大洪水之後，地面實際上已經成為一片無邊無際的汪洋大海。山丘成了唯一沒有被淹沒的陸地。人類不得不划船拜訪彼此，拋錨停靠的時候，落錨的地點可能曾經是一座花園！笨拙的海豹在曾經羊群嬉戲的草原上玩耍，魚群甚至遊上了樹頂。狼群和羊群同時在水中掙扎，金黃色的獅子與老虎瞬間被巨浪驚濤所吞沒。

從當時的情景看，地球真有可能在第二次混沌中消失。但是最終在洪水帶來的廢墟上，一座蔥鬱的山峰出現了，一男一女躲在上面避難。身為巨人普羅米修斯所創造的物種，

Chapter 2　捏黏土造人的普羅米修斯

他們的心中銘記著存在於身體中的，來自天空的種子，於是抬頭望向天空，乞求朱比特的同情。朱比特命令北風驅散烏雲，涅普頓也吹響了讓洪水撤退的號角。遵從神的旨意，海水重新回到了原來的位置。

人們從帕納塞斯（Parnassus）神山上放眼望去，滿目皆是令人絕望的蒼涼。但是人類並沒有忘記如何建造、開採、種植、收穫和養家餬口。他們知道，一切必須從頭再來，這可以透過兩種途徑實現。

一種是不管這滿目的瘡痍，先完成對眾神的復仇，畢竟是他們帶來凡間的破壞。泰坦人普羅米修斯依然活著，並且他還掌握著一個驚天祕密，這個祕密足以將朱比特趕下王位。雖然他從來沒有動用過這個祕密，但是萬能的朱比特已經聽到了風聲，也引起了眾神的恐慌。朱比特下令司掌火和鍛冶的神兀兒肯努斯鍛造了一條巨大的鎖鏈，並使用鎖鏈將普羅米修斯束縛在一塊岩石上。他還讓一隻禿鷲每天來啄食普羅米修斯的血肉。由於普羅米修斯的血肉會不斷重生，因此他必須日復一日地承受這種恐怖折磨。

朱比特向普羅米修斯保證，只要他肯說出祕密，他所受到的折磨就會馬上結束。但是這位巨人緘口不語，他不想因為自己的話而讓人類重新回到水深火熱之中。他默默承受著痛苦，片刻也得不到安寧。而此時，人類也開始嘗試憑藉自

己的努力，讓地球重新回到黃金時代，恢復富饒和繁榮。這的確是一項艱鉅的任務，每當人類想要放棄的時候，就會想到依然被困在岩石上的普羅米修斯。他的肉體雖然成了禿鷹的食物，但是他深藏於每一個凡人體內的神聖種子給了他力量，讓他勇敢地抗爭他認為是錯的行為，並且承受著因此而帶來的痛苦。

或許你認為這是一個老掉牙的離奇故事，但是對於如今的人類仍有啟發意義。在同一個地球上，我們同樣有著肥沃的田野、廣袤的森林、富饒的礦藏和成群的牛羊，我們享有這一切，正如諸神將它們交給第一批人類一樣，用來發展和平與富足。但是，人類依然是肉體和其他一些特殊事物的組合體──普羅米修斯稱之為「來自上天的種子」，而我們則稱之為「靈魂」。當我們在自私和貪婪的支配下，對土地、食物和資源進行掠奪式使用時，地球的狀況就會與被朱比特和涅普頓淹沒時同樣糟糕。但是我們總有機會和普羅米修斯一樣，除正義外忘卻所有，努力幫助地球重回黃金時代。

Chapter 2　捏黏土造人的普羅米修斯

Chapter 3
潘朵拉與魔盒

　　很久很久以前，久到世界才剛剛形成。有一個名叫艾比米修斯的孩子，他沒有父母，但他並沒有孤苦無依。眾神將另外一個同樣無父無母的孩子派到他的身邊，成了他的玩伴和助手，這個孩子叫潘朵拉 (Pandora)。

　　在進入艾比米修斯居住的小屋之後，潘朵拉一眼就看到了一個非常精美的盒子。她不假思索地問道：「艾比米修斯，盒子裡面是什麼？」

　　「我親愛的小潘朵拉，」艾比米修斯回答道，「這是一個祕密。妳要向我保證，不要過問任何與這個盒子有關的問題。我只負責妥善保管它，但是並不知道裡面到底有什麼。」

　　從神話中艾比米修斯和潘朵拉開始一起生活到現在，已經過去了數千年。如今的世界與神話中已大不相同。在當時的世界，孩子們無須父母的照顧，因為他們不會遇到任何危

Chapter 3　潘朵拉與魔盒

險或麻煩，不需要修補衣服，也有充足的食物和水。如果一個孩子餓了，樹上就有現成的果子。事實上，那真是一種無憂無慮的生活。他們不需要勞動，也沒有棘手的工作，每天只需要快樂地運動和跳舞。從早到晚，孩子們甜美的話語、婉轉的歌聲和歡愉的笑聲一直在空中迴盪。

但是對於艾比米修斯的解釋，潘朵拉並不開心。

「它從哪裡來？」她不停地問自己，「它到底是什麼東西？」

終於，她向艾比米修斯提出了一個提議。

「或許你可以打開盒子，」潘朵拉說，「這樣我們就能知道裡面有什麼了。」

「潘朵拉，妳在想什麼？」艾比米修斯驚呼道。聽到這個提議，他眼中充滿了驚恐，要知道他保管這個盒子的前提是永遠不能打開它。潘朵拉雖然知道最好不要再提此事，但她仍然忍不住想要思索和談論。

「至少，」她說，「你可以告訴我它是怎麼來的。」

「有人把它放在了我的門口。」艾比米修斯回答道，「就在妳來之前，一個看起來非常友善和精明的人來到這裡，當他放下這個盒子的時候，幾乎忍不住笑出來。他穿著一件非常奇怪的斗篷，帽子上嵌著羽毛，就好像長了翅膀一樣。」

「他拿著什麼樣的魔杖?」潘朵拉問道。

「哦,那是我所見過最奇特的魔杖!」艾比米修斯喊出聲來,「是兩條蛇盤繞在一根棍子上,雕刻得如此栩栩如生,以至於我一開始認為它們是活的。」

「我認識他,」潘朵拉若有所思地說道,「沒有其他人拿著那樣的魔杖。他是墨丘利(Mercury),是他把我和盒子一起帶到這裡的。毫無疑問,這是為我準備的,很可能裡面有給我穿的漂亮衣服,或者是給我們兩個的玩具,也有可能是好吃的東西。」

「或許吧,」艾比米修斯回答道,然後走開了,「但是除非墨丘利回來允許我們這樣做,否則我們沒有權利打開蓋子。」

不久之後的一天,艾比米修斯出去採摘無花果和葡萄,但是沒有和潘朵拉說一聲。自從她來到並發現這個盒子之後,每天都在他耳邊喋喋不休——當然,除了盒子沒有別的事情,他已經煩透了。艾比米修斯剛離開,潘朵拉就跪在地面上,專注地盯著那個盒子。

盒子使用精緻的木材製成,並且被打磨得錚亮,甚至可以倒映出潘朵拉的臉。邊緣和角落的雕刻令人讚嘆。盒子的邊緣雕刻著優雅的男人和女人,以及最俊俏的孩子。孩子們在花園和森林中斜倚或玩耍。一個最精緻的面龐位於盒子的正中間,以浮雕的形式與周圍形成了鮮明的對比。除了木

Chapter 3　潘朵拉與魔盒

材深邃、圓潤的光澤和這張花環映襯的面龐外,盒子中央別無他物。這頗有一些惡作劇的意味。所有一切都是如此的可愛,如果盒子有嘴,那麼它可能會這樣說:

「有什麼可怕的,潘朵拉!打開盒子哪有什麼危險。別管那個可憐而單純的艾比米修斯。妳比他聰明,並且比他勇敢十倍。打開盒子,看看裡面是不是真的沒有漂亮的寶貝!」

這真是特殊的一天,潘朵拉獨自一人,她的好奇心不斷增長,最終她嘗試著伸手去觸碰那個盒子,差一點就忍不住要打開它。

然而,潘朵拉最終選擇先試著搬動它。對於像潘朵拉這樣的孩子來說,盒子太重了。她首先試著抬起一邊,讓它離開地面幾英寸[05],然後再讓它砰地一聲重重落下。過了一會兒,她似乎聽到裡面有動靜,但也不是太確切。她的好奇心比以往任何時間更強烈。突然,她看到了繫在盒子上的一個黃金結。她將繩結用手指捏起來,然後像是受什麼驅使一樣,馬上就忙著試圖解開繩結。

那的確是一個錯綜複雜的結,但無巧不成書的是,潘朵拉無意間扭動了一下。繩結好像被施了魔法一般自動解開,盒子也擺脫了束縛。

潘朵拉看到了一群醜陋的小傢伙。

---

[05]　英寸:長度單位,1 英寸 =2.54 公分。

潘朵拉打開魔盒

「這是我遇到的最稀奇古怪的事情。」潘朵拉自言自語道,「艾比米修斯會怎麼說?我怎麼可能會再繫上它?」

然後,這個想法占據了她頑皮的內心。她控制不住想要看看盒子裡面到底有什麼,甚至一秒鐘也等不及。

潘朵拉打開盒子的蓋子,小屋中頓時暗了下來。一片烏雲遮住了太陽,似乎瞬間將它埋葬。在一段低沉咆哮和嘶吼的時間過後,突然迸發出陣陣震耳欲聾的雷鳴聲。然而潘朵拉並沒有注意到這些,她將蓋子完全打開,然後向裡面望

Chapter 3　潘朵拉與魔盒

去。突然，一群長著翅膀的生物擦著她的身體掠過。與此同時，她聽到了艾比米修斯在門外痛苦的呼喊。

「天啊，我被什麼東西螫了！妳這個頑劣的潘朵拉，為什麼要打開這個邪惡的盒子？」

潘朵拉趕緊捂上蓋子，抬頭觀察艾比米修斯到底怎麼了。雷雨雲使得房間變得幽暗，以至於她無法看清房間裡的東西。但是她聽到了一陣令人不愉快的嗡嗡聲，好像有許多巨型的蒼蠅或蜜蜂飛來飛去。當她的眼睛終於習慣了黑暗之後，潘朵拉看到了一群醜陋的小傢伙。它們看起來非常惡毒，長著類似於蝙蝠的翅膀，尾巴上還長著恐怖的長刺。艾比米修斯正是被它們其中的一隻螫傷了。過了沒一會兒，潘朵拉也開始哭起來。一隻可惡的小怪物正好落在她的額頭上，要不是艾比米修斯及時趕來一把將它打掉，潘朵拉無疑也會被螫得不輕。

現在，想必你們都想知道是什麼醜陋的東西從盒子裡逃出來了吧。那麼，我要告訴你們的是，它們集合了世界上所有的麻煩，其中包括邪惡的欲望、各式各樣的憂鬱，還有超過150種的悲傷，包括大量奇怪和痛苦的疾病，還有比你想像中更多的粗俗和無禮。簡而言之，那些折磨人類靈魂和身體的一切邪惡都被封印在了交給艾比米修斯和潘朵拉保管的盒子中。這個盒子原本應被妥善保管，以避免世界上所有幸

福的孩子受到它們的騷擾。如果他們沒有辜負信任的話，事情就會順利得多。從那時到現在，世上的所有成年人都不會悲傷，所有孩子也都沒有流下眼淚的任何緣由。

但是，我們不能指望著兩個孩子永遠將這些醜陋的生物困在自己的房間裡。潘朵拉打開門窗，好讓它們飛走。這些長著翅膀的麻煩帶給了世界各地的人們無止境的糾纏和折磨，讓他們在後來很長一段時間裡再也無法像以前一樣暢快地笑。在這之前，世上的孩子們似乎永遠停留在童年的狀態，但是現在他們開始長大，然後變老。男孩變成了少年，少年變成了男人；女孩變成了少女，少女變成了女人；男人和女人最終都變成了老人，這是他們之前做夢都想不到的改變。

在那個時候，頑皮的潘朵拉和艾比米修斯依然待在他們的小屋裡。兩個人都被螫得痛苦萬分。艾比米修斯將後背轉向潘朵拉，悶悶不樂地癱坐在角落裡。而可憐的小潘朵拉也不知所措，她躺倒在地上，頭枕著那隻該死的盒子，哭得撕心裂肺。突然，盒子裡面傳來一陣輕輕的敲擊聲。

「那會是什麼呢？」潘朵拉抬起頭，臉上還掛著淚痕。

艾比米修斯已經沒有了任何幽默感，也懶得回答她。

敲擊聲又響了起來，似乎是仙女纖弱的手指關節發出的。

Chapter 3　潘朵拉與魔盒

「是誰？」潘朵拉問道,「到底是誰？為什麼在這個可怕的盒子裡面？」

裡面傳來一個甜美、輕柔的聲音:「妳只有打開蓋子,才能看到我。」

「不,不!」潘朵拉回答道,「我已經打開了一次蓋子。妳休想讓我放妳出來,我還沒有蠢到那種地步!」

「啊,」那個甜美、輕柔的聲音再次傳來,「妳最好讓我出來。我可不像那些搗蛋鬼一樣,我和它們不是一夥的,只要妳打開蓋子,就能證明這一點。」

事實上,這個聲音有著令人愉快的魔力,讓人幾乎無法拒絕他的請求。盒子裡傳出來的每個字,都讓潘朵拉感覺更加輕鬆。艾比米修斯也從角落裡走了過來,似乎精神也振奮了許多。

「艾比米修斯!」潘朵拉呼喊道,「不管怎麼樣,我決定打開蓋子。」

「蓋子看起來很重。」艾比米修斯一邊說,一邊穿過房間,「讓我來幫妳!」

這樣,經過一致同意,兩個孩子打開了蓋子,裡面飛出一個如陽光般燦爛、笑容可掬的小人兒。她在房間中盤旋,所到之處灑下絢麗的光芒。你有沒有曾經用一面小鏡子反射陽光,讓陽光在陰暗的角落跳舞?是的,當這個長有翅膀的

陌生仙女快樂地在陰鬱的小屋中翩翩起舞的時候，就是這樣的一種感覺。她飛向艾比米修斯，在被那些麻煩的傢伙刺傷並引起發炎的位置用手指輕輕一拂，艾比米修斯的痛苦立即消失了。隨後，她吻了吻潘朵拉的前額，潘朵拉的傷也被瞬間治癒了。

「希望」仙女

「妳是誰，美麗的生靈？」潘朵拉問道。

「我叫『希望』。」這個陽光般的小人兒解釋道，「正因為我的開朗，那些神把我也裝進盒子裡，這樣可以制衡那些醜陋的『麻煩』。不用害怕！即便是有它們搗亂，我們還是會做得很好！」

「妳的翅膀有著和彩虹一樣的顏色，」潘朵拉喊道，「真漂亮！」

「妳會留在我們身邊嗎？」艾比米修斯問，「永遠？」

Chapter 3　潘朵拉與魔盒

「只要你們需要我。」「希望」說道,「只要你們還生活在這個世界上,我就會在你們身邊。我保證永遠不會拋棄你們。」

這樣,潘朵拉和艾比米修斯找到了希望。從那天開始,人們也開始篤信希望。麻煩們仍然在世界各地飛來飛去,但是我們有了那個可愛而輕盈的仙女「希望」,她能夠治癒麻煩造成的痛苦和磨難,為我們創造出新的世界。

Chapter 4
巨人族的落敗

　　巨人們決定闖入奧林帕斯山。他們自認為這易如反掌——沒有神能夠傷害到他們，神的任何武器也都奈何不了他們。他們堅信，由於他們比英雄們更加龐大和強壯，因此這塊處在雲端的奇幻之所理應屬於他們。如果眾神拒絕交出他們的居所、宮殿、巡天的鍍金戰車、那些凡人未曾品嘗過的美味佳餚，以及他們作為武器的雷與電，巨人們就打算摧毀奧林帕斯山。如果那樣的話，這將會是一大憾事。畢竟，奧林帕斯山是當時世界上最美麗的地點之一。

　　眾神之中有一位叫阿波羅的神，他的右手掌握著整個宇宙的光芒。這不僅是太陽的光芒，更是希臘人心中閃耀的光芒。當他們擁有智慧、瞭解真理和掌握審美時，這會讓他們的生活更加光明。毫無疑問，正因為阿波羅的豐功偉業，光芒被當作禮物賜予人類，讓人類接受來自奧林帕斯山的恩澤。

Chapter 4　巨人族的落敗

在希臘帕納塞斯山蔥鬱的山坡上，有一個很深的洞穴。有一個牧羊人經過洞口時，吸入了一股奇特的香氣，然後他就能用先知的知識說話辦事。阿波羅決定把這個洞穴守護起來，希臘古都德爾菲便是圍繞著這個洞穴建立起來的。阿波羅還派出一名女祭司守衛洞口。她頭戴被視作神諭的月桂樹枝所編成的桂冠，迎接那些希望呼吸這些神奇氣體的凡人們。然而，一隻代表黑暗的惡魔培冬（Python）橫在了德爾菲的神諭之前，不允許任何人接近它。

阿波羅使用光柱驅走了培冬。這樣，那些希望有更好的視力、更敏銳的聽力和更真誠語言表達力的人又可以接近神諭了。

阿波羅這樣做，不單單是為人類的利益考慮，這也是他對諸位繆斯女神（Muses）的保護。繆斯女神是朱比特和謨涅摩敘涅（Memory）的九個女兒，她們可以做任何能帶來幸福的事情。她們擅長歌唱、演奏弦樂、撰寫故事和詩歌、繪畫。據說，那棵月桂樹屬於阿波羅，他用月桂樹枝製作的花環，為那些有著豐功偉業或照亮黑暗道路的英雄加冕。

然而，這些巨人們絲毫不認為阿波羅的光芒有任何價值，他們一心只想從眾神手中掠奪財富、花蜜和美味佳餚。他們決定先從殺死阿波羅和眾位繆斯女神開始。

巨人們選擇在色薩利（Thessaly）集結，那裡有著全希臘

最荒涼的森林和最崎嶇的海岸。當巨人們從四面八方趕來，並組建起戰隊時，無疑是一個恐怖的場景。巨人中有一個頭目叫提堤俄斯（Tityus），當他在平原上躺下來打盹的時候，身體會占據整整九英畝的土地。其他一些巨人中，有的長著100隻手臂，有的四肢是巨大的蟒蛇並且可以噴火。最糟糕的是，巨人種族的心臟既不同於神，也不同於人類，他們的心臟由堅硬的石頭製成，既不會跳動，也不會感覺到溫暖。正因如此，他們準備從最陡峭的一面攻上奧林帕斯山。

巨人提堤俄斯在平原上躺下來打盹的時候，
身體會占據整整九英畝的土地

　　沒有一個希臘人敢站出來阻止這場由巨人挑起的戰爭。巨人們將奧薩山（Ossa）舉起來，扣在皮立翁山（Pelion）上，當作從地面攀上雲端的階梯。他們拽出巨大的橡樹和柏樹作為棍棒，並舉起像小山一樣大的岩石作為武器。然後，他們爬上奧林帕斯山，開始衝擊眾神的居所。

Chapter 4　巨人族的落敗

　　勝利的天平似乎倒向了巨人一方，甚至連眾神都亂了陣腳，紛紛想辦法偽裝。強大的朱比特將自己變成了一隻公羊，阿波羅變成了烏鴉，黛安娜（Diana）變成了貓，維納斯變成了魚，而墨丘利變成了飛鳥。只有戰神瑪爾斯走下戰車，主動應戰。隨後，其他神也回來了，雖然他們真的沒有足夠的勇氣。

　　與巨人的戰鬥依然是凶多吉少，因為沒有武器能殺死他們。瑪爾斯擲出的長矛，在碰到巨人們堅如磐石的心臟之後，被無情地反彈了回來。沒有人知道將會發生什麼。一些巨人返回地面，搬來小山丘繼續摧毀眾神的家園。隨後，阿波羅腦海中靈光一現，他想起來，在這場生死決鬥中，有一些神祕的力量可以利用，它們與巨人們所使用的樹木、岩石和山丘一樣強大。因此，阿波羅趕緊派穿著飛靴的信使墨丘利向住在太陽宮的海利歐斯（Helios）發出一個祕密訊息——命令他緊鎖大門。眾所周知，這些巨人是非常笨重的龐然大物，如果沒有光明，他們根本就沒有辦法進行戰鬥。凡間每年的冬天都非常寒冷，而且白天也變得更短，他們甚至曾經試圖從凡人那裡偷走有著更多陽光的夏天，並獲得些微成功。但是，來參加戰鬥的巨人們沒有帶一點陽光，因此海利歐斯將大門關閉後，奧林帕斯山突然陷入了一片漆黑之中。

　　巨人們跌跌撞撞，紛紛被自己的武器絆倒。趁著巨人們陣腳大亂，朱比特向他們中間投下了密密麻麻的雷電，巨人

們就連滾帶爬地逃回了地面。巨人們本以為阿波羅只是負責守護知識、德爾菲的神諭以及弱不禁風的繆斯女神，所以根本沒把他放在眼裡。他卻使用自己的神祕武器——光明——讓巨人們潰不成軍。這讓巨人們深感意外。

戰役的失敗並沒有傷害到巨人們的元氣，他們只是被驅逐出眾神的居所而已。戰鬥結束之後，巨人們迅速召集起來，商議如何捲土重來。但是他們很快發現了一個大麻煩——沒有可以吃的食物！原來，在巨人們離開的時候，刻瑞斯將他們賴以維持生命和保持力量的香草砍了個精光，甚至連根都不剩。另外，為了確保將他們趕盡殺絕，朱比特在每個巨人的頭頂上壓了一座火山。這樣，每個巨人都被大山壓得動彈不得，只能偶爾透過火山口憤怒地喘一口粗氣。

巨人族就此謝幕了。但是他們依然抗爭了一段時間，也造成了一些傷害。尤其是巨人恩克拉多斯（Enceladus），朱比特用了整座埃特納（Aetna）火山才將他徹底壓住。慢慢地，那些火山也平靜下來，凡間也有了更多的和平。

然而，凡人們卻仿效起巨人的行動，無時無刻不嘗試用自己的力量進行掠奪。他們摧毀了美好的建築、燒毀了自己的家園並且中斷了教學、音樂、繪畫和寫作，因為他們看不到其中所閃耀的智慧光芒。但是他們的最終命運注定與試圖摧毀奧林帕斯山的巨人一樣，發現他們已經將一座火山壓在了自己的肩膀上。

Chapter 4　巨人族的落敗

Chapter 5
鐵匠神兀兒肯努斯

在奧林帕斯山上，沒有人喜歡司掌火和鍛冶的神——兀兒肯努斯，因為他是一個瘸子。他的母親朱諾（Juno）和父親朱比特也以他為恥。自己的兒子相貌醜陋，而且與肢體健全的神相比，他總是一瘸一拐地行走，這讓做父母的他們感到很大的恥辱！

但是兀兒肯努斯有一顆非常樂於助人的心。有一次，眾神聚在一起討論一些天上與人間的重要問題。兀兒肯努斯主動請纓當斟酒人，為夥伴服務。他蹣跚著在座位之間挪動，樣子很是滑稽，一些神甚至嘲笑起他來。

最後，眾神還是把兀兒肯努斯驅逐出天界。從奧林帕斯山到地面路途遙遠，兀兒肯努斯一路跌跌撞撞，走了整整一天。終於，在太陽快落山的時候，他癱倒在一座火山旁邊。他身上摔得傷痕累累，行動比以往更加困難。他所處的地方就是愛琴海中的利姆諾斯島（Lemnos）。

Chapter 5　鐵匠神兀兒肯努斯

那是一片令人感到絕望的不毛之地，海岸被厚厚的火山灰覆蓋，島上的火山還時不時會噴出燃燒的金屬。新提亞人（Sintians）是利姆諾斯島上唯一的居民。他們守著一片貧瘠的土地，幾乎沒有船隻敢停靠在憤怒的火山之下，生怕遭到飛來橫禍，因此他們的生活資源極為匱乏。然而，新提亞人非常友善質樸，他們同情兀兒肯努斯。他們圍攏在兀兒肯努斯身邊，用草藥為他處理傷口。他們甚至拿來了本來就不多的水果，還匆忙地為兀兒肯努斯搭了一座帳篷。但當他們再次回到墨斯其洛斯（Mosychlos）山腳下兀兒肯努斯的棲身之處時，發現他已經離開了。

「我們一定是在夢中見到的這位神的使者。」他們最終得出結論，「可能我們看到的只是從蒼穹墜落的一顆流星。」

四季交替，住在利姆諾斯島的人們終於發現原本暴躁的墨斯其洛斯火山現在只是冒煙，而不再有噴湧而出的熾熱岩漿威脅他們的生命。其他的火山也是如此，它們看起來更像是現在工廠裡冒著黑色煤煙的大煙囪，而不是以前令他們心驚膽顫的死亡之塔。在海浪的拍打聲和海風的嘶鳴聲中，人們聽到了一種新的聲音，那似乎是一位鐵匠在敲打著金屬，從早到晚，不知疲倦。

利姆諾斯島上一些居民壯著膽子走近了摩西克羅斯山，驚奇地發現岩石像一扇門一樣打開。他們循著捶擊的聲音往

深處走，在火山的深處看到了在凡間從未見過的奇景。在這座熊熊燃燒的大山最深處，有一個幽暗的鐵匠鋪。兀兒肯努斯使用火山之火作為冶煉之火，將金屬鍛造成各種令人眼花撩亂的美好事物。鐵匠鋪裡到處都是用來鍛造的材料，例如純淨的白鋼、閃耀的純銅、晃眼的白銀、錚亮的黃銅和黃金。

兀兒肯努斯周圍有一群怪異的學徒，他們是獨眼巨人庫克洛普斯（Cyclopes）人。庫克洛普斯人曾經是牧羊人，但因為沒有及時向阿波羅獻禮，因此被剝奪了原本的職業。他們每個人只有一隻眼睛，長在額頭的正中間。他們絲毫不敢懈怠，在兀兒肯努斯的鐵匠鋪裡為朱比特鍛造雷電，為涅普頓打造三叉戟，為阿波羅製作箭袋。兀兒肯努斯身旁站著兩名用黃金打造的奇特女僕，它們像是有生命的生物一般，在兀兒肯努斯工作的時候，到處走動，為這位跛腳的鐵匠做事。

火山深處的鐵匠鋪

Chapter 5　鐵匠神兀兒肯努斯

　　縱然被眾神輕視，兀兒肯努斯還是控制住了火山的火勢，並掌握世上所有金屬的鍛造之道。因此，他可以為眾神和英雄們獻上禮物。

　　這些絕妙的物件被堆放在兀兒肯努斯作坊的門口，然後被運往奧林帕斯山。他鍛造出了金色的鞋子，神可以穿著它在陸地或海洋上疾行，甚至想去哪裡，抬腿眨眼間就到了。他還製作了黃金打造的桌椅，它們可以自由地進出眾神的廳堂而無須搬動。眾神將他們的駿馬帶到兀兒肯努斯那裡，兀兒肯努斯為它們釘上黃銅做的蹄鐵，這些駿馬就可以拉著戰車在空中或水面上風速疾馳。他甚至還為眾神的住所打造了黃銅柱子。就這樣，兀兒肯努斯成了奧林帕斯山上的建築師、鐵匠、兵器製造者、戰車建造者和藝術家。

　　他的成就遠不止如此。由於他駕馭了火，不僅能將金屬打造為作戰的利器，還鍛造出了農業生產所需的工具。人們種植葡萄獲得了大豐收，羊群也被放養在蔥綠的草地上。利姆諾斯島成了一個安靜且富饒的場所，希臘其他島嶼的船舶紛紛駛來，作為一個國家力量象徵的商業由此拉開了帷幕。

　　在那段時間，特洛伊人（Trojans）和希臘人爆發了一場重大的戰爭。年輕而英勇的希臘英雄阿基里斯（Achilles）成了很多人心中的希望。當特洛伊人的首領赫克托爾（Hector）闖入了希臘人的營地並燒毀了他們的戰船時，希臘的一位

上尉請求阿基里斯將盔甲借給他,由他領導士兵對抗特洛伊軍隊。

「我穿上你的盔甲,他們就會認為我是勇敢的阿基里斯,」他說道,「這樣他們就會暫停戰鬥。希臘英勇善戰的子民們已經疲憊不堪,他們需要得到喘息的機會。」

於是,阿基里斯將他光芒四射的盔甲和戰車借給了這位名叫派特羅克洛斯(Patroclus)的上尉,並且下令隊伍跟著他進入戰場。最初的衝擊的確奏效,但是命運似乎沒有站在他們這邊。派特羅克洛斯的駕車人被殺害,他不得不單槍匹馬地面對赫克托爾。就在這時,一支長矛刺穿了他的後背,派特羅克洛斯跌下馬來,奄奄一息。這對希臘而言是一個沉痛的打擊和悲劇。派特羅克洛斯是阿基里斯的摯友,赫克托爾從派特羅克洛斯身上取走了阿基里斯的盔甲。希臘戰敗的消息甚至驚動了奧林帕斯山,朱比特用一片烏雲遮住了整個天空。

就在此時,阿基里斯的母親忒提斯(Thetis)急忙趕到兀兒肯努斯的鐵匠鋪,當她找到這個來自天上的跛腳工匠時,他正揮汗如雨,熱火朝天地拉動著風箱。忒提斯告訴兀兒肯努斯,阿基里斯遭遇困境,也沒有了征戰沙場的盔甲。聽到她的請求,兀兒肯努斯立即放下手中的工作,為阿基里斯打造了一套精美的盔甲,包括一面嵌有戰爭徽章的盾牌、一頂

Chapter 5　鐵匠神兀兒肯努斯

鑲著黃金頂飾的頭盔、一件緊身胸衣和一套金屬護脛甲。全套盔甲經過千錘百鍊，再鋒利的投擲武器也無法刺穿它。兀兒肯努斯用了一整夜的時間才完成全部工作，忒提斯則趕在天亮時將這件亙古未有的盔甲帶到了兒子的面前。

拉風箱的鐵匠兀兒肯努斯

阿基里斯身披兀兒肯努斯親手打造的盔甲，重新回到了戰場。那些原本勇猛的特洛伊武士們，要麼在他面前落荒而逃，要麼被他用長矛挑落馬下。阿基里斯的盔甲發出閃電，他自己也變得如同戰神瑪爾斯一樣令人望而生畏，甚至一直將敵軍追到特洛伊的城門。他的勝利可謂是酣暢淋漓，但是他在奧林帕斯山的眾神中卻有了一個敵人。雖然人類所射出的任何箭都無法傷害到阿基里斯，阿波羅卻能給他致命一

擊。阿波羅和瑪爾斯當時是宿敵，前者代表美好的光明，後者代表殘酷的戰爭，涇渭分明。

在戰場上，阿基里斯被阿波羅擲出的長矛擊倒，然後被一條通往天界的光明大道帶往奧林帕斯山。在經過太陽宮的時候，他停下腳步。宮殿的後方使用莊嚴的柱子支撐，柱子上鑲嵌的黃金和寶石熠熠發光。天花板由象牙製成，所有的門都是銀製的，製作精美。牆上滿是壁畫，線條和色彩技巧遠非地上任何藝術家所能及。圖畫中描繪了整個世界，包括海洋、天空及其居民。居於山林水澤的仙女或在海中嬉戲，或在魚背上騎行，或坐在岩石之上，讓風吹乾秀美的長髮。一派和諧美好的景象，森林、河流和山谷都充滿生機。春之神頭戴鮮花編成的桂冠，夏之神則佩戴由成熟的金色穀穗製作的花環，秋之神手臂上掛滿了葡萄，冬之神則身披閃耀的冰雪斗篷。看到這些美好，這位英雄忘卻了傷口的疼痛。

阿基里斯將盔甲留在了凡間，對接替他繼續對抗特洛伊圍攻的英雄們而言，不失為一種傳承。而阿波羅同樣向阿基里斯展示了兀兒肯努斯最為偉大的作品──太陽宮，這正是跛腳的神之鐵匠兀兒肯努斯建造的。

Chapter 5　鐵匠神兀兒肯努斯

Chapter 6
重見光明的俄里翁

　　海神涅普頓身材魁梧，但已經有些年邁。他的兒子俄里翁（Orion）對森林的熱愛，與他對海洋的熱愛相比有過之而無不及。當俄里翁年齡大到可以自己坐在海馬的背上次到岸邊的時候，他有時會離開海底深處的家到處玩耍，一走就是好幾天。每當涅普頓吹響他的海螺殼，召喚俄里翁回家時，俄里翁都會意猶未盡地趕回來，然後興致勃勃地講述他在森林裡遇到的大熊，或者是帶回從一棵老橡樹中找到的裝滿野花蜂蜜的蜂巢。

　　涅普頓希望俄里翁能夠快樂，因此賦予了他在深海中遨遊的強大能力。只要俄里翁想，就沒有他到不了的地方。在他之前，從來沒有人可以這樣在深不可測的海洋中隨心所欲地穿行，但是俄里翁那黑黝黝的腦袋每天都會浮出水面，他的雙腳可以在水中划動，而不會沉到海底。他已經不需要藉助父親的戰車、海豚或者海馬，自己就可以上岸了。

Chapter 6　重見光明的俄里翁

從此，俄里翁大部分時間都在陸地上度過。在長大成人之後，他也成了一個強大的獵人。他的箭似乎被黛安娜施了魔法般，是如此的迅敏和精確。每天俄里翁口袋裡都是滿滿的戰利品——包括鹿在內的一些獵物。

有一天，當他扛著一頭剛剛被獵殺的強壯的熊穿過森林時，面前突然出現一片空地。空地的中間矗立著一座潔白無瑕的城堡。城堡的建築比周圍的松樹還要高，直插雲霄，城堡的四周由一堵高牆圍護。俄里翁走上前，詢問守門人為什麼要如此戒備森嚴。守門人告訴俄里翁，城堡裡居住著這個國家的國王，他日日夜夜、無時無刻不擔心野獸的襲擊。

「如果有人能將這些貪婪的野獸趕出森林，國王願意將一半的王國交給他。」守門人告訴俄里翁。

俄里翁一邊聽，一邊抬頭打量著城堡裡一座建築上的窗戶。他看到國王的女兒墨洛珀（Merope）也在看著他。她有著明亮的面龐、湛藍的眼睛和微笑的嘴角，長髮披肩，就如同披著一個斗篷一般。俄里翁以為墨洛珀是在對自己微笑，因此滿心歡悅。然而，他並不知道，墨洛珀的目光實際上是越過這個對她而言陌生人的大海之子，望向遙遠的科林斯（Corinth）海岸，那是英雄們冒險征程開始的地方。

「國王有沒有考慮將女兒許配給解決森林野獸的獵人？」俄里翁問道。

守門人打量著俄里翁蓬鬆的頭髮、赤裸的雙腳和獅子皮製成的斗篷，在回答時他將頭轉向一旁，不想讓俄里翁看到他在發笑。

「或許你可以去問問國王。」他說道。

俄里翁回到了森林深處。那些將人類視作獵物的猛獸發出嘶吼，讓寂靜的夜晚更加陰森恐怖。很快，俄里翁獵殺了獅子，並且與熊單打獨鬥；他用強壯的雙手掐死了巨蛇，還用長矛刺死了狼和老虎。在處理了森林裡所有威脅人類的猛獸之後，俄里翁再次來到林中空地的城堡。他甚至趕不及洗淨手上和衣服上的血跡，便迫不及待地出現在國王面前。

「國王陛下，森林裡已經沒有傷人的猛獸了。」俄里翁說道，「現在您可以拆除圍牆，隨心所欲地在森林裡行走。作為對我這一壯舉的獎勵，我希望您將女兒墨洛珀許配給我。我將帶她回到涅普頓王國，回到我那用珊瑚和貝殼打造的宮殿。但如果您拒絕，我將用我的方法將她帶走。」

國王一開始瞠目結舌，當他終於弄明白海神之子想要的回報時，似乎已經找不到語言來表達他的輕蔑。他惱怒地舉起手中的權杖，刺向俄里翁的眼睛。

「滾出我的宮殿，你這個狂妄的傢伙。」他命令道。

俄里翁從國王寶座前站起身來，雙手痛苦地捂著眼睛。整個房間似乎突然間陷入了伸手不見五指的黑夜。他試圖奪

Chapter 6　重見光明的俄里翁

門而出,但卻跌跌撞撞找不到門在哪裡。在多次嘗試無果之後,宮殿裡的侍從們將他帶了出來,推出宮殿大門。這個曾經無所不能,並且擁有海洋賜予的無窮力量的獵人,現在只能像一個瞎眼的乞丐一樣在路上蹣跚前行。看到這一幕,侍從們紛紛嘲笑起他來。

俄里翁現在什麼也看不見 —— 國王無法忍受俄里翁求娶墨洛珀時的傲慢,於是戳瞎了他的眼睛。

俄里翁白天看不見太陽,晚上看不見月亮,只能漫無目的地亂轉,並詢問他所遇到的每一個人如何重見光明。

一天,他走到森林中的一個地方,聽到一陣悠揚的笛聲,還有苔蘚上輕盈的舞步聲。俄里翁伸出雙臂,摸索著靠近這些樹神。樹神是森林中的一群快樂生物,整天和潘（Pan）廝混在一起,隨著他的笛聲翩翩起舞。

「請問,你們能幫我找到駕駛太陽戰車的阿波羅嗎?」俄里翁問道。

看到這個失明的旅行者,樹神們四散開來,並回答道:「抱歉,我們很少看到阿波羅,因為他不喜歡潘用笛子吹奏的音樂。」

俄里翁只好繼續跌跌撞撞地往前走。在他漫無目的的行進中,他聽到了一陣衝突和喧囂聲。原來,兩支軍隊正在城郊展開一場殊死搏鬥。他撞翻了戰車,聽到了盾牌與盾牌撞

擊的聲音，以及因傷勢過重而即將死去的英雄們的呻吟聲。

「這些戰士們一定知道通往光明的道路。」俄里翁心想。他站在一根筆直挺立的柱子旁，以避免被捲入戰鬥，並對其中一個戰士喊道：「請問，你最近有見到駕駛著太陽戰車的阿波羅從這條路經過嗎？」

「沒有，」男子回答道，「阿波羅從來不到戰場上來。因此我們無法告訴你光明之神到底在哪裡。」

俄里翁繼續在黑暗中摸索，並終於來到了利姆諾斯島。當他深一腳淺一腳地跋涉在一條崎嶇不平的道路上時，聽到了錘子敲擊金屬的清脆聲音。

「周圍一定有一個鐵匠鋪。」俄里翁心想，「一個暗無天日的地方，就像失明之後我的世界一樣。我聽說過獨眼人庫克洛普斯的故事，他們一輩子都會待在大山的深處，使用熔爐鍛造雷、電。他們的主人是身體殘疾並且被眾神嫌棄的兀兒肯努斯。如果我順著鐵錘聲的指引走下去，可能沒多大意義。」

然而，俄里翁最終決定給自己一個機會。在錘子敲擊聲的指引下，他腳步輕快地往前走。沒過多長時間，他感到鍛造之火的熱氣撲面而來。俄里翁意識到自己已經到了兀兒肯努斯鐵匠鋪的門口。他又一次問道：

「您能告訴我怎麼找到阿波羅嗎？就是那個駕駛著太陽戰

Chapter 6　重見光明的俄里翁

車的阿波羅。」

聽到兀兒肯努斯的回答，俄里翁一下子呆住了。

「阿波羅就在我這裡。我們正打算往他的宮殿運送一批用黃金鍛造的物件。他會帶你到陽光之下，可憐的俄里翁。」

對於俄里翁來說，這真是一次驚心動魄的旅程。他在地上獨自跋涉了如此遠的距離，終於踏上了通往太陽的坦途。阿波羅親自駕駛戰車。當他們來到守衛太陽宮殿入口的莊嚴金柱面前時，阿波羅讓俄里翁直視太陽的耀眼光芒。俄里翁朝太陽望去，失明瞬間被治癒。他睜開眼睛，終於又重見光明。

傳說，俄里翁從那之後再也沒有離開過天界。眾神將他改造成為一個巨人，他的腰上繫著一條寬大的狩獵腰帶，背著一把寶劍，身穿一張獅子皮製成的披肩，手持一根全部由星星製作的權杖。還有傳言說，俄里翁那隻忠誠的狩獵犬西裡亞斯（Sirius）也一直留在了天空中，從未離開主人半步。

Chapter 7
美神維納斯降臨凡間

在那個由眾神主宰的古老時代，曾發生過許多稀奇古怪的事情。其中，最精采的一次發生在賽普勒斯（Cyprus）島附近的一個春日清晨。

春天總是會帶給人們各式各樣的驚喜。光禿禿的枝椏上長出新的葉子和花朵，野鳥開始築巢並唱歌，陽光也比長達幾個月的寒冬時更加明亮。但是這個希臘的奇蹟是無法解釋的，似乎直到今天也沒有人能理解並說出個所以然來。

湛藍的海面平靜如鏡，沒有一絲風。突然，在海邊撒網的漁民們看到空中出現一片明亮的玫瑰色雲朵。這片雲朵顫動著，然後開始向下降落，並最終輕輕浮在海面上。它是如此輕盈飄渺，似乎一口氣就能將它吹走。但隨後這朵雲再次升起並落下，像是一團薄霧一般，又像是呼吸。

面對此情此景，人們瞠目結舌。突然，雲彩開始變形，它真的有了呼吸，並現身出凡間和奧林帕斯山上最美麗的女人。她的頭髮如陽光一樣明亮，面龐溫潤，臉上的紅暈就如

Chapter 7　美神維納斯降臨凡間

同她所乘坐的玫瑰色雲朵一般。她飄逸的衣服就如同日出時微微染色的天空一樣柔軟與可愛，她還朝向岸邊伸出潔白修長的手臂。

在陪同這個曼妙女子下凡之前，包括西風神澤費羅斯（Zephyrs）在內的四位風神從未去過任何地方。在風神的幫助下，這個美麗的女子飄向賽普勒斯島。四位季節神也從奧林帕斯山上下來迎接她。賽普勒斯的居民目睹了這一奇景，臉上寫滿了驚嘆。

「這個來自天國的女神會留在我們身邊嗎？」他們問彼此。

就在他們好奇的時候，第二件奇怪的事情發生了。

奧林帕斯山的鐵匠兀兒肯努斯在賽普勒斯有一家鐵匠鋪。從清晨到日落，每天都可以聽到他那清脆的鐵砧之聲，那是兀兒肯努斯在為朱比特鍛造和裝配黃金王座的部件。他用自己靈巧的雙手為眾神和英雄們製作武器和盔甲，並為朱比特鍛造雷、電。他是一個孤僻的鐵匠，腳跛得厲害。因此，除了運送已經完工的物件外，他很少回奧林帕斯山。

然而，在很久很久之前的那個清晨，事情就這樣發生了。帶著令人驚豔的優雅，這位誕生於大海泡沫中的美麗女神直接走進了兀兒肯努斯的住所。她是愛的女神維納斯，有時人們也稱她為阿芙蘿黛蒂（Aphrodite）。她成為了兀兒肯努斯的妻子。雖然兀兒肯努斯跛腳，但畢竟還是火神。

維納斯降臨凡間之後，為凡間帶來了巨大的變化。全世界都在尋覓她的蹤跡，並熱切期盼著她的到來——雖然人類並不知道為什麼心中會萌生這樣的願望。來到凡間之後，愛的女神要做的第一件事，便是解決恣意妄為的亞特蘭妲（Atalanta），因為亞特蘭妲傷害了那麼多的希臘英雄。

　　亞特蘭妲是一位公主，與女孩相比多了一些男孩子氣，但是又比男孩子多些女孩子氣。很多英雄都想牽著她的手步入婚姻殿堂，但她卻有一顆狂野心。因為不喜歡被束縛，她拒絕學習紡紗和家務。對任何希望追求她的人，她都給予同樣的回答：「只有能跑贏我才能贏得我，跑不贏我的人只有死路一條。」

　　這是一條殘酷的規則。你都想像不到亞特蘭妲跑得有多快，從來沒有任何一個男孩能在賽跑中贏她。她跑起來像是被風插上了一對翅膀，金色長髮在空中飛揚，豔麗的裙襬在她的身後舞動。參加賽跑的追求者都會被甩出很遠，最後被宣告失敗並處死。不過，在亞特蘭妲奔跑的時候，她的心臟會驟然變冷，因此她原本如紅寶石一般的膚色會黯淡，並變得如大理石一樣潔白。

　　希波墨涅斯（Hippomenes）決定冒險和亞特蘭妲比一場。他是一個勇敢且熱血滿腔的年輕人。身為一名法官，雖然他不得不宣判那些被亞特蘭妲擊敗的朋友的死刑，但是他覺

Chapter 7　美神維納斯降臨凡間

得應該去搏一把。為此,他請求維納斯在比賽中助他一臂之力。

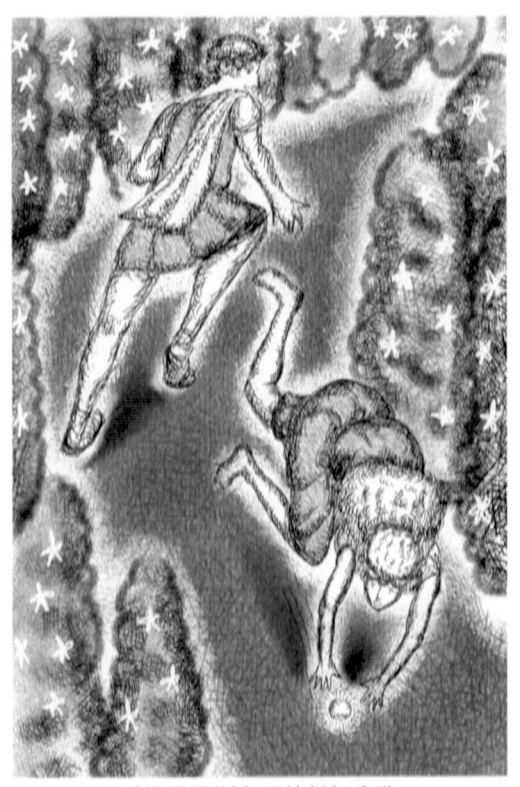

希波墨涅斯和亞特蘭妲賽跑

維納斯在賽普勒斯有一個自己的小島,在島上的花園中有一棵長著金黃枝葉並結著黃金果實的蘋果樹。她從樹上摘了三個金蘋果,將它們給了希波墨涅斯,並告訴他怎樣使用它們。

維納斯的金蘋果樹

　　發令的訊號一響，亞特蘭妲就如離弦之箭一般，沿著維納斯神廟附近的沙灘狂奔。希波墨涅斯也不甘示弱，從她的身邊超了過去。原來，希波墨涅斯也是一個跑步高手，他的步伐輕盈，就好像能在水上掠過或者在麥浪上踏過而不留一絲痕跡一樣。一開始希波墨涅斯稍稍領先，但隨後他感覺到身後亞特蘭妲心跳聲的迫近。趁著亞特蘭妲還沒有追趕上來，希波墨涅斯扔下了第一個金蘋果。

　　亞特蘭妲非常詫異，她停下來，彎腰撿起蘋果。雖然只花了一秒鐘，希波墨涅斯卻趁機拉開了差距。亞特蘭妲又以兩倍的速度衝了出去，瞬間超過了他。希波墨涅斯再次扔下一個金蘋果。亞特蘭妲實在不忍心放棄它，就又停下將蘋果撿了起來，然後接著往前跑。就當希波墨涅斯即將抵達終點的時候，亞特蘭妲趕上並超過了他。只需再跑一分鐘，亞特

Chapter 7　美神維納斯降臨凡間

　　蘭妲就將贏得比賽。希波墨涅斯扔下了第三個金蘋果。它閃閃發光，令亞特蘭妲難以抗拒。就在她猶豫不決時，希波墨涅斯贏得了比賽。

　　兩人都非常高興。希波墨涅斯贏得了比賽，而亞特蘭妲得到了珍貴的金蘋果。亞特蘭妲瞬間有了蓋一座房子儲存這些蘋果的念頭，希波墨涅斯立刻為她造了一座房子。從此，亞特蘭妲愛上紡紗、織布，也喜歡把家收拾得漂亮和舒服，並為此感到驕傲。維納斯確信這一幕一定會發生，因為她知道她用那些金蘋果讓亞特蘭妲感受到愛所帶來的回報，也讓她忘記了那些殘忍的比賽。

　　愛的女神在凡間還有許多其他的事情要做。她很喜歡自己在賽普勒斯的花園，因此會花大量的時間悉心打理新的灌木叢，讓它們活下來並且開花。這裡的風景已經發生了翻天覆地的變化。之前，這裡的土地貧瘠、乾裂，覆蓋著長著如同長矛一般尖刺的荊棘。如果有誰敢伸手去觸控，便會被刺得鮮血直流。但是維納斯毫不畏懼，她替這些荊棘修改了莖稈，讓它們長出如同葡萄藤一樣的新枝椏，並爬上她神廟的牆壁。人們發現，每當這些新的枝椏從長刺下長出時，那些長刺便會立即枯萎脫落，而在那些原本長有長刺的位置會長出新的花蕾。當賽普勒斯的夏日到來時，這些花蕾會怒放成凡間最美麗的花朵。花香充盈著整座小島，花朵的顏色恰似阿芙蘿黛蒂降落凡間時祥雲的顏色。

這些花朵正是維納斯之花——玫瑰,並且注定是世上最受喜愛的花卉。

維納斯一邊目睹著凡間的一切美好,一邊為希臘國王比馬龍(Pygmalion)的鐵石心腸而扼腕嘆息。比馬龍是一位國王,還是一名雕刻家。他尤善於使用黏土和大理石雕刻,甚至可以唯妙唯肖地雕刻出奧林帕斯山上的眾神。但是他過於崇尚男權,認為任何女人都沒有資格享受王國的資源。

一年春天,比馬龍決定用乳白色大理石創作一尊他心中完美女性的雕像。雕像是如此精緻高雅,以至於除了維納斯之外,沒有任何事物可以和它媲美。比馬龍對他的作品非常滿意。他欣賞著自己的作品,對維納斯也不由得產生了好感。他愛撫著這尊雕像,甚至幻想著她不是冷冰冰的大理石,而是一個鮮活的生命。比馬龍將這尊雕像命名為伽拉忒亞(Galatea)。

比馬龍向伽拉忒亞奉上希臘年輕女孩所喜歡的禮物,比如閃亮的貝殼和拋光的寶石、裝在金色籠子中的鳥、五顏六色的花朵、珠子和琥珀。他為雕像穿上絲綢衣服,戴上寶石戒指和項鍊,以及耳環和一串串珍珠。他做完這些之後,得到了維納斯的獎勵。一天,當比馬龍回到家之後,他撫摸著雕像,突然感覺雕像變得柔軟,並在他的手指觸碰下富有彈性,就如同是蠟做成的。隨後,它蒼白的顏色出現了生命的膚色。伽拉忒亞睜開眼睛,對比馬龍微笑。

Chapter 7　美神維納斯降臨凡間

　　在那之後，整個賽普勒斯都為這個曾經自私又頑固的國王而改變。他聽到了王宮噴泉流淌著如銀鈴般的歌聲，而這是他從來未曾注意到的。他開始熱愛森林、鮮花和他的子民，因為維納斯將伽拉忒亞帶到了他的身邊，讓他有了足夠的愛去分享他的王國。

　　維納斯開始和兀兒肯努斯一樣，將精力放回天界，因為奧林帕斯山才是他們真正的家園。維納斯將玫瑰帶回奧林帕斯山，供她的侍女們，也就是負責主持眾神宴會、舞會和藝術活動的美惠三女神裝扮。但她依然密切關注著凡間，因為她知道人類總是需要她的幫助。

Chapter 8
通向怪物的迷宮

　　代達洛斯（Daedalous）站在迷宮入口的陰影中，看著英雄們走入黑暗的通道。這是一個古怪而又神祕的龐大建築，由眾神之中的藝術家代達洛斯利用高超的技藝設計而成。迷宮由盤根錯節的通道和轉彎構成，它們交錯在一起，似乎永遠理不清。傳說，希臘有一條名叫邁安德河（Maeander）的河流，河道蜿蜒曲折、來來回回，讓人永遠找不到源頭，迷宮就是代達洛斯以邁安德河為靈感設計出來的。

　　眾神賦予代達洛斯驚人的天賦，他的雙手幾乎無所不能。但是他不喜歡循規蹈矩。因此，他花了好幾年的時間，傾盡所有才華，建立了這座迷宮。

　　代達洛斯凝視著迷宮的幽暗小徑，看著又一名英雄消失在盡頭。代達洛斯認為，他將永遠不會歸來。因為到目前為止，沒有人能夠在無數的轉彎中找到正確的路徑。像很多其他神祕的事物一樣，這座迷宮也成為英雄受困甚至是隕落的場所。

Chapter 8　通向怪物的迷宮

　　在這樣美好的一天，發生如此可怕的事情實在是令人遺憾。那一天，克里特島（Crete）上的橄欖樹枝葉繁茂，附近森林裡夜鶯的歌聲在代達洛斯的耳畔迴響。但是代達洛斯無暇享受，因為他在專注地聽另外一種聲音。當時正值五月，每年的這一天，希臘人都必須挑選七位最強壯的少年和七位最美麗的少女，作為給克里特島國王米諾斯（Minos）的貢品送入迷宮。米諾陶洛斯（Minotaur），一頭半人半牛的憤怒野獸，在迷宮中的祕密通道中等著享用他們。代達洛斯建造了迷宮，並將米諾陶洛斯困在其中，希望以此取悅國王米諾斯，他想聽的就是那些被當作祭祀犧牲品的少年少女的抽泣聲。

　　雖然代達洛斯可以看到穿著白色衣服的孩子穿過繁花似錦的樹林，沿著林中小徑朝他走來，道路卻是出奇的安靜。他們的目光充滿了勇氣，為首的是一名比其他人更高且更年長的人。代達洛斯看到他之後，不由得打了個冷戰，連忙躲到了一堆苔蘚後面。

　　所有的希臘人都在談論這個年輕人——雅典國王的兒子忒修斯（Theseus）。他之前一直隨祖父在特洛曾（Troezen）居住，最近才回到雅典，但他最終憑藉著自己的英武贏得了人們的尊重。一開始，街上還有些男孩嘲笑他，因為他總穿著一件愛奧尼亞（Ionian）式的衣服，還留著長頭髮。男孩們取笑他像個小女孩，並且告訴他不應該一個人出現在公共場合。聽到這種嘲笑，忒修斯一把抓起旁邊一輛裝滿貨物的馬

車，不費吹灰之力就將它拋到空中。這讓所有看熱鬧的人驚嘆不已。隨後，忒修斯又制服了差不多 50 名妄圖推翻希臘政權，建立自己的掠奪和獨裁統治的巨人。再後來，忒修斯憑藉非凡的力量，馴服了一頭正在城外摧毀穀物的憤怒公牛，並將它帶回雅典城內。

然而，代達洛斯並不知道忒修斯的這些冒險經歷。

當他來到雅典時，正好是希臘人必須將兒女作為貢品進獻給米諾斯國王的時候，所有的希臘人都陷入極大的痛苦之中。忒修斯決定救同胞於水火之中，他主動提出作為其中的一員被送往克里特島。他的父親，希臘國王埃勾斯（Aegeus）不願意讓兒子這樣做。因為他年事已高，忒修斯是繼承希臘王位的希望。但在獻祭當日，除了七位女孩和六位男孩被抽籤選出之外，忒修斯依然堅持跟隨他們登上了那艘懸掛著黑色風帆的船。

在他們到達克里特島之後，首先被帶到了米諾斯國王面前。忒修斯看到國王的女兒阿里阿德涅（Ariadne）端坐在王座旁[06]。她看到忒修斯和其他的年輕雅典居民，想到他們馬上將要被迷宮吞噬，不由心生憐憫。她希望能解救他們，讓他們長大之後成為雅典的榮耀。於是，她送給忒修斯一把劍，

---

[06] 我們今天還能在夜空中看到阿里阿德涅的星座，以及她那由繁星組成的環形寶石皇冠。她的星座位於武仙座上方，在她下方，海克力斯（Hercules）跪在她的腳邊。

Chapter 8　通向怪物的迷宮

用來對抗牛頭怪米諾陶洛斯，還給了忒修斯一個由白色細線繞成的線團。

代達洛斯在他的藏身之處目睹了這一切，並陷入沉思。此時，忒修斯已經無所畏懼地進入了迷宮。

在順著蜿蜒曲折的通道前進時，忒修斯解開白色線團，用紗線在身後留下記號。他大膽前進，最終到達迷宮中心，找到了貪婪的牛頭怪。忒修斯用阿里阿德涅給他的鋒利寶劍輕而易舉地解決了牠。隨後，他沿著紗線折返並走出迷宮，終於重見了光明。代達洛斯感到莫名的恐懼，因為作品的祕密被發現了——忒修斯使用白色線團，輕鬆破解了迷宮。再也不會有希臘的英雄和孩子成為米諾陶洛斯腹中的大餐了。

迷宮被破解了，米諾斯國王對代達洛斯大為惱火。他將代達洛斯和他的兒子伊卡洛斯（Icarus）囚禁到克里特島的一座高塔中。要知道，代達洛斯一直將伊卡洛斯視作珍寶。父子二人想盡辦法逃了出來。米諾斯國王下令衛兵在海岸上層層設防，並對所有船隻進行了搜查，以阻止兩人離開小島。伊卡洛斯非常信任他的父親，並依照父親的指示成功避開了守衛。最終，他們逃到了另一個小島上，並在那裡開始了新的生活。代達洛斯也慢慢淡忘了迷宮帶給他的教訓，開始專心為自己和伊卡洛斯打造翅膀。

這些翅膀如同之前的迷宮一樣令代達洛斯費盡心機。他讓兒子去蒐集所有海鳥和森林鳥類掉落的羽毛。伊卡洛斯每

次回來都會帶來滿滿一捧羽毛。他為自己的父親感到驕傲，並希望能快快長大，好協助父親工作。在雪松林中的小屋裡，伊卡洛斯坐在父親的身邊，他將羽毛按大小分類，然後塗上蜜蜂在空心樹中留下的蜂蠟。代達洛斯用他靈巧的手指將這些羽毛編織在一起，他模擬鳥兒翅膀的排列，先從最小的羽毛開始，接著是長一點的羽毛，再接著是更長一點的。他將大的羽毛用線縫在一起，將其他的羽毛用蜂蠟黏上去。終於，他做好了兩副翅膀，將翅膀分別固定在自己和伊卡洛斯的肩膀上。接著，他們跑向岸邊，縱身一躍，在經過充分的準備之後，終於像鳥兒一樣飛了起來。

伊卡洛斯如同夜鶯一樣快樂。他張開翅膀，讓自己的歌聲直衝雲霄。但代達洛斯再次對自己的作品產生了擔憂，他警告兒子：

「我的伊卡洛斯，一定要沿著中間的軌道飛行。」他說道，「不能太高，也不能太低。如果太低，海水濺起的飛霧會增加翅膀的重量；如果飛得太高，太陽的灼熱可能會傷害你。所以你必須靠近我。」

然後，代達洛斯親吻了他的兒子，乘著翅膀飛上了天空，並招呼伊卡洛斯跟緊他。當他們從克里特島飛遠的時候，農夫們停下了手中的工作，牧羊人也忘記了他們的羊群。大家都抬頭看著空中的這一奇景。代達洛斯和伊卡洛斯就像兩個神仙一樣，乘著風在湛藍的海面上飛翔。

Chapter 8　通向怪物的迷宮

　　在前往遙遠的西西里島（Sicily）途中，他們飛過了薩摩斯島（Samos）和提洛島（Delos）。伊卡洛斯興高采烈地向高處飛去，偏離了父親為他指引的低空路線。要知道，有機會一睹奧林帕斯山上眾神之城的風采是伊卡洛斯畢生的願望。而現在機會就在眼前，他當然不想放棄。伊卡洛斯認為他的翅膀足夠牢靠，可以帶他去實現夢想。因為他信任自己的父親，認定父親一定也為他想到了這一點。

　　向上，再向上！伊卡洛斯一點點靠近天國。但隨著伊卡洛斯越來越靠近太陽，水霧的涼爽慢慢變成了狂烈的炙烤。熱量熔化了固定羽毛的蜂蠟，伊卡洛斯的翅膀隨之脫落。他絕望地伸出雙臂，但是哪有什麼東西可供他抓握。

　　「伊卡洛斯，我的伊卡洛斯，你在哪裡？」代達洛斯焦急地呼喊道。但他只看到了兒子墜入深海時激起的波紋，還有四散在海面上亮光閃閃的羽毛。

　　這是迷宮故事真正意義上的結束。

　　小美人魚涅瑞伊得斯（Nereids）將伊卡洛斯擁入懷中，溫柔地將他帶到海底，埋葬在她們長有珍珠海葵的花園中。代達洛斯孤身一人飛往西西里島，並在那裡建造了一座供奉阿波羅的神廟。他將自己的翅膀掛在神廟中，作為對神的獻祭。從那以後，他再也沒有見過自己的兒子。

Chapter 9
英雄柏修斯征服海洋

　　一場暴風雨在海上肆虐。在驚濤駭浪面前，所有的船隻都顯得十分渺小。狂風裹挾著巨浪，從希臘海岸的岩石之中噴湧而出。在那裡，蛇髮女怪梅杜莎（Medusa）操控著這些海浪。她翻捲起一波波的海浪，將那些在海水中苦苦掙扎的小船撕碎，讓船上的水手們葬身海底，只留下破碎的船槳和桅桿，被海水拍打到岩石之上。

　　在狂風的咆哮和巨浪的暴怒之中，似乎有一艘小船從遠處飄過來，它乘著巨浪逐漸向岸邊靠近。當它足夠靠近的時候，在岸邊檢視天氣狀況的漁民們發現那並不是一艘小船，而是一個雕花雪松木箱子，上面捆著金色的鎖鏈。一個巨浪襲來，將箱子瞬間吞沒。過了許久，它又頑強地浮出水面。最終，它還是難以逃脫被拋到岩石上的命運。漁民們認為箱子裡面可能裝著那些無情的破壞者獻給梅杜莎的寶藏，於是趕緊跑上前去。

Chapter 9　英雄柏修斯征服海洋

趕到箱子旁邊後，漁民們發現裡面是一位年輕的母親，懷中緊緊抱著尚在襁褓之中的兒子。蛇髮女怪在海上興風作浪，所以母子二人吃盡苦頭才到這裡。漁民們將他們帶到了塞里福斯（Seriphus）國王波呂德克特斯（Polydectes）面前。年輕的母親向國王講述了她的故事。

「我是阿爾戈斯（Argos）的公主達娜厄（Danae），」她說道，「但我的父親，也就是阿克里西俄斯（Acrisius）國王，害怕我這個剛出生的兒子長大後會危及他的生命，於是將我們鎖在一個並不結實的箱子裡，然後將箱子拋到了海裡。我請求您的庇護，國王殿下。我的兒子有著強大的力量和高貴的血統。有朝一日，他一定會建功立業，並回報您的慈愛。」

達娜厄是一位如此可愛的美人，懷裡還抱著她剛出生的嬰兒，因此沒有人會拒絕她的懇求。她被允許留在塞里福斯島，她的兒子柏修斯（Perseus）逐漸長大，先是成為一名大男孩，後來成了一個無所畏懼、敢做敢當的年輕英雄。

一直以來，梅杜莎都在陸地和海上製造災難。她曾經也是希臘海邊的一位美麗少女，但是由於和智慧女神米娜瓦爆發了爭吵，眾神將她變成了一位蛇髮女怪。她之前捲曲而秀美的長髮變成了糾纏在一起的毒蛇。毒蛇在她的肩膀兩兩纏繞，一直下垂到地面上，緊緊裹住她的腳踝。沒有人能說清楚梅杜莎到底有多可怕，但不管是什麼人，只要看到了她的臉，就會立即變成一塊石頭。在她的居所周圍，隨處可見變

成石頭的動物和人類。他們只不過是瞥了梅杜莎一眼，便瞬間被石化。梅杜莎用自己的力量讓海洋變得冷酷無情。每當那些鐵石心腸的船長將擊敗的敵人扔進海裡，梅杜莎就會用巨浪讓他們粉身碎骨。

因此，柏修斯決定長大成人後的第一次冒險就是征服梅杜莎，那個蛇蠍心腸的蛇髮女怪。眾神贊同他的決定，他們在奧林帕斯山碰面，商議如何助這位年輕英雄一臂之力。

柏修斯全副武裝，頭戴普路托的頭盔，
足蹬墨丘利的飛靴，手拿米娜瓦的盾牌，
飛奔向蛇髮女怪的孤獨洞穴

「我會把盾牌借給柏修斯，陪伴他去歷險。」他們之中最為睿智的女神米娜瓦說道。

「我會將我的飛靴借給柏修斯，」速度之神墨丘利態度也非常堅決，「幫助他早日完成這個勇敢的差事。」

Chapter 9　英雄柏修斯征服海洋

　　就連冥界的主宰普路托（Pluto）也聽說了柏修斯的雄心壯志，他慷慨地貢獻出可以隱身的魔法頭盔。

　　柏修斯全副武裝，踏上了冒險之旅。他頭戴普路托的頭盔，足蹬墨丘利的飛靴，手拿米娜瓦的盾牌，飛奔向蛇髮女怪的孤獨洞穴，快如朱比特所投擲的火鏢。當然，他的行蹤別人是看不到的。

　　梅杜莎無止境地在洞穴大廳裡走來走去，並發出絕望的呻吟和哭泣聲。她無法擺脫那些盤踞在她腦袋和身體上的，黏糊糊且不斷蠕動的毒蛇。柏修斯一直耐心地等到梅杜莎實在沒有力氣折騰，癱倒在洞穴中的石頭上睡去。這時，柏修斯小心靠上前去，並盡力讓自己不去看梅杜莎那可怕的臉。透過盾牌上的倒影，柏修斯割下了梅杜莎的頭顱，並將它作為戰利品帶走。

　　自此，乘船出海的人再也不用因為殘忍的梅杜莎而擔驚受怕。經柏修斯之手，梅杜莎的邪惡力量被改造成為善良的力量。英雄高舉著梅杜莎的頭顱，穿著飛靴飛越陸地和海洋，直至地球最西側太陽落山的位置。

　　那裡是阿特拉斯的王國。阿特拉斯是巨人中的一員，他牛羊成群，卻不願意與任何人分享自己的財富，甚至也不讓別人踏入他的田產半步。阿特拉斯最大的驕傲是他的果園，果園中所有的果子都是黃金的，它們掛在金黃色的樹枝上，

有些還藏在金黃色的樹葉後面。柏修斯沒有打算採摘這些黃金果實。

「我只是恰巧路過你的領地而已。」他向巨人解釋道,「我出身高貴,有著神的血統。我剛剛完成了消滅海上惡魔梅杜莎的壯舉,現在我只是想歇歇腳,請為我準備一些吃的。」

但是阿特拉斯只能想到他對金果子的貪念。

「滾遠一些,你這個愛吹牛的傢伙!」他大喊道,「否則,我會像踩死一條蠕蟲那樣讓你血肉模糊。讓你的血統和勇敢見鬼去吧!」

柏修斯並沒有和巨人硬碰硬,而是將蛇髮女怪的頭顱舉到了他的面前。然後,阿特拉斯龐大的身軀就慢慢變成了石頭。他如鋼鐵般的肌肉、粗壯的四肢和頭顱都開始變大,直到變成一座大山聳立在柏修斯面前。他的鬍鬚和毛髮變成了森林,手臂和肩膀變成了峭壁,頭顱變成了山峰,而骨骼則變成了岩石。在接下來的幾個世紀裡,阿特拉斯一直佇立在那裡,頭頂著天空,肩膀承受著星星的重量。

柏修斯繼續飛行,來到了衣索比亞人的國家。那裡的海洋和曾經被梅杜莎控制的希臘海岸一樣無情。當柏修斯靠近岸邊時,看到了一個可怕的場景。

Chapter 9　英雄柏修斯征服海洋

柏修斯除掉海怪，救下了美麗的公主安朵美達

　　一隻海怪一邊在海中攪起驚天巨浪，一邊一步步逼近岸邊。一個漂亮的女孩被捆在岩石之上，等著這條惡龍的吞噬。她被吊在岩石上，臉色蒼白，面無表情。要不是她的淚水在岩石上留下了一道長長的印痕，海風拂過她金黃色的頭髮使她如同雲朵一樣飄逸，柏修斯可能會認為那只是雕刻在岩石上的一尊大理石雕像。

柏修斯降落在她的身邊，他既痛心於女孩的遭遇，又欣喜於她的美麗。

「為什麼妳被困在這麼危險的地方？」他問道。

女孩起初並沒有回答，而是試圖遮住自己的臉，但無奈雙手已經被鐵鏈捆住動彈不得。最終，她開了口：

「我是衣索比亞的公主安朵美達（Andromeda），」她說道，「我的母親卡西歐佩亞（Cassiopeia）王后美豔動人，容貌甚至勝過美麗的女神，這讓海中的怪物非常惱怒。因此，我必須作為祭品獻身大海，才能安撫牠。天啊，牠過來了！」安朵美達尖叫起來。

她的話音未落，水面上就響起了「嘶嘶」聲，海怪從浪尖探出腦袋，用寬闊的胸膛劈開了巨浪。岸上擠滿了愛戴安朵美達的民眾，他們哀呼著，不忍直視這即將發生的悲劇。海怪開始沿著懸崖攀爬時，柏修斯突然乘著飛靴一躍而起。

他像一隻蒼鷹在海面上翱翔，向這條來自大海的惡龍猛衝過去。他用寶劍刺中了惡龍的肩膀，但怪物只是破了點皮。牠猛地跳入水中，憤怒地濺起水花，以至於柏修斯幾乎什麼也看不清，更無法攻擊牠。但是他終於在水霧中辨出了惡龍的身影，將寶劍從惡龍的鱗片之間刺了進去。緊接著，他又刺中了惡龍的身側、腹部和頭部。最終，鮮血從怪獸的鼻孔中噴湧而出。柏修斯舉起安朵美達身旁的一塊岩石，給

Chapter 9　英雄柏修斯征服海洋

了怪獸致命一擊。聚集在岸邊的人們歡呼雀躍，他們高興的呼喊聲久久在山間迴盪。

就像每個童話故事中的王子一樣，在戰勝海怪之後，柏修斯請求美麗的安朵美達成為他的新娘，並且如願以償。他們在安朵美達父親的宮殿中舉行了盛大的婚宴，到處洋溢著歡樂和喜慶。故事講到這裡，似乎是柏修斯冒險的完美結局。但是就在這時，宮殿外傳來了巨大的喧鬧聲，就如同發生了一場戰爭一般。門外是菲尼亞斯（Phineas），衣索比亞的一名武士。他深愛著安朵美達，卻沒有勇氣救她於水火。聽聞安朵美達即將成為別人的妻子，他急急忙忙地帶著自己的隊伍趕來，想要從柏修斯身邊奪走安朵美達。

「在她被捆在岩石上的時候，你就應該出手了，」柏修斯怒斥道，「而不是現在帶這麼多士兵來攻擊我們，你這個懦夫！」

菲尼亞斯不發一言，而是舉起標槍朝著柏修斯擲過來。英雄突然心生一計。

「讓我的朋友們都離開，或者轉過身去。」他說道。隨後，他高高舉起了梅杜莎那令人膽寒的爬滿蛇的頭顱。

菲尼亞斯手舉著標槍，但是既不能擲出去，也沒法收回來。他的四肢變得僵硬，嘴巴張開但卻發不出聲音。他和他所有的部下都變成了石頭。

隨後，柏修斯宣佈安朵美達成為自己的妻子。他們非常希望前往阿爾戈斯拜訪柏修斯的外祖父 —— 阿爾戈斯的國王阿克里西俄斯。神諭中說阿克里西俄斯將會被柏修斯殺死，所以阿克里西俄斯非常懼怕，在外孫剛一出生時，便將他裝在箱子裡，讓他漂在海上自生自滅。

「我想告訴他，沒什麼可擔心的。」柏修斯說道。

他們得知老國王目前身陷悲慘的境遇 —— 被趕下王位並且成了階下囚。柏修斯殺死了篡位者，並幫助外祖父重新坐上了王位。

隨著時間的推移，柏修斯繼承了王位。在他的英明治理下，阿爾戈斯的一切井然有序。為此，眾神特意在星空為他和美麗的安朵美達留下一席之地。在任何晴朗的夜晚，你都可以在仙后座（以安朵美達的母親卡西歐佩亞命名）中看到他們。

Chapter 9　英雄柏修斯征服海洋

Chapter 10
飛馬佩加索斯的故事

當柏修斯英勇地斬下蛇髮女怪梅杜莎的頭顱時，發生了一件非常奇怪的事情。鮮血沿著柏修斯的劍滴落地面，幻化成一匹有著修長肢體，肩膀上長有翅膀的駿馬。這匹馬被稱為佩加索斯（Pegasus），是凡間前所未有的奇妙生物。

當時，一位名叫貝勒羅豐（Bellerophon）的年輕英雄從自己的國家出發，來到呂基亞（Lycia）國王伊奧巴特斯（Iobates）的宮殿前。年輕人呈上了一封介紹信，裡面有兩條祕密訊息。寫這封介紹信的是國王的乘龍快婿。第一條祕密訊息是：

「持有這封信的貝勒羅豐是一位不可戰勝的英雄。我請求您款待他。」

第二條是：

「我建議您殺死貝勒羅豐。」

事情的真相是，伊奧巴特斯國王的女婿嫉妒貝勒羅豐的

Chapter 10　飛馬佩加索斯的故事

能力，並希望除掉他，以滿足自己的野心。

呂基亞國王是一個內心友善的人。他非常不解的是，要如何根據貝勒羅豐呈上的那封推薦信的建議採取行動。直到可怕的怪物奇美拉（Chimaera）闖入他的國家時，他依然被深深困擾。奇美拉是一個比任何人類都恐怖的野獸，牠有一個笨拙且粗糙的身體，長著一條和龍一樣的尾巴。牠長著獅子的頭顱，鼻孔大張，能噴出熾烈火焰。牠張著血盆大口，呼出有毒的氣體，任何人只要沾上了這種氣體都必死無疑。當伊奧巴特斯的臣民紛紛請求國王的保護時，伊奧巴特斯計上心來，決定派出英勇的陌生人貝勒羅豐去征服野獸。

貝勒羅豐本以為可以在呂基亞王宮休整一段時間。他覺得國王應該專門為他辦一場歡迎宴會，這樣在宮廷的遊戲中，他就有機會一展投擲鐵餅和駕駛戰車的風采。但是就在他抵達伊奧巴特斯宮殿的第二天，他便被派去獵殺怪物奇美拉。

至於他將何去何從，又將如何擊敗這個怪物，貝勒羅豐毫無頭緒。但是他覺得在直面危險之前，先到米娜瓦的神廟中待一晚上會是個好主意。米娜瓦是智慧女神，可能會在這場孤注一擲的冒險中給他幫助。

因此，貝勒羅豐來到米娜瓦所在的城市雅典，並在她的神廟中留宿。他是如此的疲憊不堪，以至於在向女神祈禱的

中途睡著了。第二天早晨醒來的時候，他發現手中多了一根金色的韁繩，還有一個聲音指引他來到城外的一口水井旁。

在此之前，飛馬佩加索斯一直被放養在繆斯女神們的草坪上。繆斯女神共有九位，她們是親姐妹，其中一位負責照料詩人，另一位負責撰寫史料，其他幾位分別司掌舞蹈、喜劇和天文學，以及任何神認為可以讓生活更有價值的事物。她們需要像佩加索斯這樣的駿馬。每當她們需要從凡間返回奧林帕斯山的時候，飛馬便會幫助她們。

飛馬佩加索斯

貝勒羅豐從未聽說過佩加索斯的存在，但當他跟隨神諭的指引來到井邊的時候，飛馬已經站在那裡等候了。與其說是站在那裡，倒不如說是飄浮在那裡。飛馬的翅膀已經將牠的四個蹄子帶離了地面。佩加索斯看到貝勒羅豐手中的金色

Chapter 10　飛馬佩加索斯的故事

　　韁繩，便直接來到英雄面前，安靜地站在一旁，等著英雄為牠戴上挽具。就在這時，一個陰暗的影子掠過天空，可怕的奇美拉在貝勒羅豐頭上盤旋，下顎噴出的火花如雨點一樣砸到英雄的身上。

　　貝勒羅豐翻身上馬，一手挽著韁繩，一手揮舞著他的寶劍。佩加索斯載著他迅速升上天空，來到奇美拉面前。佩加索斯和奇美拉在雲端展開決鬥。飛馬閃轉騰挪，在他的幫助下，貝勒羅豐輕鬆地殺死了奇美拉。呂基亞人長舒了一口氣。事實上，這對後人來說也是一個莫大的激勵。直到現在，如果人們要提起某種一開始看起來很可怕，但征服起來並不那麼困難的事物，還往往會將它形容為「奇美拉」。

　　英雄本該將飛馬還給繆斯女神，然後回到呂基亞王國，接受人們的歡呼，故事也本應如此結束。此時卻發生了一件意料之外的事情——貝勒羅豐決定將佩加索斯留在身邊。他每天都會騎著飛馬轉上幾圈，覺得自己已經功成名就，非常驕傲。有一天，貝勒羅豐突發奇想地駕著佩加索斯來到眾神居所的大門之前。對於從未得到奧林帕斯山邀請的凡人而言，這是想都不敢想的事情。朱比特看到這個無禮的騎手越來越接近眾神之地，不由怒火中燒，他派出一隻牛虻蟄了佩加索斯一口。貝勒羅豐被佩加索斯拋下，重重地落到地面上。從那以後，他成了一個跛腳且失明的人。

當然，這並不是佩加索斯的錯。即便長有翅膀，牠也只是一匹幫助他人追逐夢想的駿馬。飛馬也從空中墜落到地面，沒有受傷，但是牠掉到了一個遠離之前牧場的地方。牠不知道自己在什麼地方，也不知道怎麼去找尋繆斯女神們。佩加索斯的翅膀似乎失去了功能，牠漫無目的地從國家的一邊遊蕩到另外一邊。由於牠長著翅膀，常常被農夫誤認為是一種怪異的龍，被他們從一塊田地驅趕到另外一塊。牠慢慢變老，也沒有了往日的敏捷。牠的翅膀不再有任何作用，反而變成了一種拖累。牠再也飛不上天空了。

最終，和所有的老馬一樣，不管年輕時如何風馳電掣，年邁的佩加索斯被賣給了農夫，被套到犁具上終日耕田勞作。

佩加索斯並不習慣這種繁重的農活。牠的力量更適合在空中展翅翱翔，而不是拖著腳步混跡於田野。牠雖然用盡全身的力氣去拉犁，由於翅膀的妨礙，還是有力氣卻無處使。牠的主人用牛鞭重重地抽打牠的背。如果不是那一天的時來運轉，這可能是牠最終的歸宿。

這天，一名非常崇拜繆斯女神的年輕人路過此地。他是如此的貧困潦倒，以至於除了樹林和樹籬之外，別無棲身之處；除了野果和野菜之外，別無他物果腹。但這位年輕人是一名年輕的詩人，他可以將世上所有的美，比如山丘、谷

Chapter 10　飛馬佩加索斯的故事

地、寺廟、鮮花以及人世間所有的愛，用華麗的文字記載下來，並隨著豎琴的旋律吟唱。

詩人對田野裡的這匹老馬很是同情——牠在主人的吆喝下低垂著原本高傲的頭顱，拖在泥土裡的翅膀已經破敗不堪。

「請讓我試試這匹馬。」年輕人懇求道。隨後，他穿過田野，翻身騎到了佩加索斯背上。

突然，就好像受到了神的駕馭，佩加索斯再次昂起頭，馬蹄也離開地面。牠的翅膀再一次舒展地張開，載著年輕人飛向天空。附近所有農場的農夫都放下手中的活，仰頭看著這一奇景——一匹飄揚著金色鬃毛的飛馬一飛沖天，然後消失在通往奧林帕斯山的雲端。

Chapter 11
戰神瑪爾斯的戰敗

　　在很久很久以前的希臘神話時代，有一天，界神特米努斯（Terminus）在一個羅馬小鎮的郊外舉行了一次野餐會。

　　雖然沒有人真正見過特米努斯，但是每一位擁有幾英畝土地的農民以及城鎮的管理者都非常確信他的樣子。他應該穿著和潘一樣的服裝，手裡拿著和現在的測量人員所使用的差不多的量具。他的戰車上裝滿了大石頭和精細雕琢的界柱，用來標記農場或城鎮的範圍。當時沒有圍欄，但是眾神指派特米努斯保護土地的所有者，並且透過為城鎮設定神聖的界標，避免敵人的入侵。

　　特米努斯每天都忙於工作，所以眾神將他這次野餐會稱作「度假」。那是他們難得的快樂時光。周圍的葡萄園、田野和村莊的邊界都放置了石頭，還有雕刻著各式各樣圖案的石柱，讓它們更加漂亮。每個前來參加野餐會的人都帶來了獻給特米努斯的禮物，有顯眼的玫瑰花環、綠色的月桂花環，還有滿滿一籃子的葡萄和石榴，人們將這些禮物堆放在界石

Chapter 11　戰神瑪爾斯的戰敗

或界柱旁。眾神給予人們最大限度的祝福，這可以讓他們抵禦外敵入侵，自由耕種土地，建造家園，並且安居樂業。

突然，歡樂的氣氛被打斷。那些正在採摘野花的孩子哭喊著跑向自己的父母，因為天空瞬間暗了下來，似乎颶風正在逼近。那些在玩遊戲和跳舞的年輕男女們驚恐地擠在一起，因為他們看到在雲層的裂縫之間，有幾道黑色的戰車車轍正從天空向地面逼近。那些上了年紀的老年人知道隆隆的雷聲、沉悶的咆哮以及雲層中偶爾飛濺出的火焰意味著什麼，也不停地顫抖著。

「看看到底是誰穿著黑色斗篷站在我們中間，將白色的霜凍灑向田野，並且凍住我們！」他們問道。隨後，他們驚呼起來：「是『恐懼』！戰神瑪爾斯的侍衛！他正駕著戰車朝我們駛來！」

隨後，一陣恐怖的聲音傳來，淹沒了人們的呼喊聲。伴隨著盾牌和利劍的碰撞聲，女人和兒童的哭喊聲，一輛戰車從人群之中碾過，車輪上還滴著鮮血。戰車由瑪爾斯另外兩個侍從「警告」和「驚駭」駕駛，其中一個陰著臉，像是雷雨雲一般，另外一個則面如死灰。

「我們該怎麼辦？就這麼束手無策地坐以待斃嗎？」一個男人喊道。

另外一個人回答道：「先管好你自己，不要有危險。你為

什麼把寶劍留在家裡？如果你連自己都保護不好，又怎麼能保護得了我？」

對於這些出身高貴的羅馬人而言，在這個節骨眼上說出這樣的話，的確有些不合時宜。然而，這並不是他們心中或者腦海中的本意，是戰神的另外兩個侍從「驚慌」和「離間」穿著生鏽的盔甲來到人群中，向他們灌輸了這些思想。

「瑪爾斯來了！」人們隨後驚叫道。空氣中開始瀰漫起令人窒息的濃霧，偶爾夾雜著暴怒的火箭。那些由火山之下獨眼巨人庫克洛普斯在作坊中鍛造的雷電被瑪爾斯拋向地面，將地面撕裂為成千上萬個碎片。瑪爾斯，奧林帕斯山最好戰的神之一，穿著鎧甲在這場殺戮中橫衝直撞。

他的戰馬狂野地在人群中穿過，身上沾滿了鮮血。瑪爾斯面容陰暗、冷峻，眼中卻發出如火的光芒，因為他有著鐵石心腸，只有戰爭才能讓他感到快樂。他坐在一個同樣沾滿鮮血的寶座之上，侍衛們守在他的身旁。對他而言，戰亂的喧囂和那些身受重傷的人的哀號，彷彿如音樂般美妙。

瑪爾斯的宮殿是奧林帕斯山上最恐怖的場所。那是一個冷冰冰的古老城堡，只是為了宣揚武力而建造。城堡上沒有一絲縫隙，能讓阿波羅那令人歡愉的陽光透進來。快樂的繆斯女神們、帶著美妙琴聲的奧菲斯（Orpheus），甚至是上了年紀卻依舊風趣的諷刺之神摩墨斯（Momus），從來不會選擇

Chapter 11　戰神瑪爾斯的戰敗

來這裡。這座宮殿日日夜夜都由一隻體型龐大的獵犬和一隻兇猛的禿鷲守護著,牠們都是戰場上的常客。瑪爾斯坐在自己的王座上,底下是一群神情沮喪、等候他發落的戰俘。他始終佩戴著代表自己至高無上權力的,由長矛和火炬組成的徽章。那麼,瑪爾斯為什麼離開他的住所,來到原本充滿歡樂和祥和的特米那利亞(Terminalia)?

瑪爾斯是一個非常冷酷無情的神。事實上,他的殘忍和魯莽,早已讓眾神對朱比特任命他如此重要的職務頗有微詞。他們最後決定設兩位戰神。至於另外一名戰神是誰、他的戰車如何從雲端跌落,那就是另外一個故事了。瑪爾斯之所以和「恐懼」、「警告」、「驚駭」、「驚慌」和「離間」這幾個令人恐懼的同夥降落凡間,是因為他根本不把界神特米努斯放在眼裡。他決定將那些界石連根拔起,將那些界柱砸得稀巴爛。

從神話時代到現在,每個人都相信公平的鬥爭。這是人們可以經歷的最偉大的冒險——盡其所能甚至是犧牲生命,以糾正錯誤或保護那些手無寸鐵的人。但瑪爾斯發起的這場戰爭並不是這樣,他駕駛著眾神為他打造的戰車,對毫無還手之力的人類進行殺戮。他之所以這樣做,只是為了闖入他們的邊界。

就像是世界上所有的雷電同時響起,又好像是成千上萬

支長矛同時刺出一樣，瑪爾斯來到凡間，跨越並摧毀了特米努斯精心設定的邊界線。他戰車的車輪將界石碾成粉末，精雕細琢的界柱也被撞成了碎片，淹沒在飛揚的塵土之中。瑪爾斯和他的追隨者的呼喊蓋過了凡間所有的和平旋律——鳥兒的啁啾、兒童的歡笑以及紡紗、割草和研磨的愉快聲音。

事實上，這是人類所遭遇的最可怕的入侵。一時間，被眾神所寵愛和幫助的凡間人類和他們的工業似乎都會煙消雲散。但隨後發生的一件事扭轉了局勢。

空中首先傳來一聲咆哮，好像數英里外森林中被捕的野獸發出的怒吼。隨後，地面開始顫抖，就如同巨人們被扔下眾神之地時那樣。面對瑪爾斯的入侵，地面似乎也在哭泣。瑪爾斯認為自己是不可戰勝的，但可能是藏在暗處的英雄向他放了一支冷箭，也可能是他的駿馬不小心被特米努斯的界石絆倒，不可一世的瑪爾斯摔倒在他入侵的土地上。在他掙扎著爬起來之前，一些意料不到的事情發生了。

有意思的是，瑪爾斯並沒有受傷，但卻受到了應得的教訓。

在瑪爾斯所侵入的特米努斯邊界不遠處，住著兩位巨人，種植園主俄托斯（Otus）和厄菲阿爾忒斯（Ephialtes），他們的父輩和祖父輩也都是種植園主。他們實在太忙，就沒有參加特米努斯的野餐會。事實上，他們幾乎從未休過假，每

Chapter 11　戰神瑪爾斯的戰敗

天都會在農場中辛勤勞作,為附近的市場提供水果和製作麵包的材料。聽到瑪爾斯摔倒發出的巨大轟鳴聲之後,他們馬上放下手中的工具,跑去看看發生了什麼事。

俄托斯和厄菲阿爾忒斯
拖著依然在憤怒咆哮的瑪爾斯,
往家中走去

據說瑪爾斯跌倒時,足足覆蓋了7英畝的地面。但是當兩個巨人試圖扶起他時,有空氣從他身體中漏出,然後他像洩了氣的皮球一樣收縮。

「我們該怎麼處理這個鬧事者？」俄托斯問他的兄弟。

「起碼，我們應該把這個傢伙放在不干擾我們做事，也不影響別人工作的地方。」厄菲阿爾忒斯回答道。

「好主意，」俄托斯表示同意，「先把他關起來再說。」

於是，兩個人拖著依然在憤怒咆哮的瑪爾斯，往家中走去。

他們把這個鬧事的瑪爾斯塞進了一個巨大的青銅花瓶裡，他們輪流坐在蓋子上，以確保瑪爾斯沒有任何逃跑的機會。瑪爾斯被關了整整 13 個月。人們利用這個時機重新種植和收穫作物，特米努斯也修復了界石。

巨人種植園主本打算一直將這個戰爭之神關在花瓶中，但瑪爾斯是奧林帕斯山上的神，因此這並不是長遠之計。隨著時間的推移，瑪爾斯被准許回到奧林帕斯山。希臘人和羅馬人嘗試充分發揮他的作用，不是作為保護神，而是幫助人們獲得力量和堅強。

希臘人將雅典周圍的一座小山以瑪爾斯的名字命名，並在那裡開設了一個審判生死的法庭。這徹底改變了瑪爾斯的生活。羅馬人為他準備了一大塊土地，用來開展軍事演練和軍事遊戲，也就是我們現在所稱的訓練營。在那裡，每年舉辦兩次戰車競賽，還舉辦騎馬、鐵餅、標槍和射箭比賽。每隔五年，肢體健全的羅馬年輕人都會來到這裡參加徵兵。在

Chapter 11　戰神瑪爾斯的戰敗

　　每次出征之前，羅馬的將軍都會來到這裡，擺動懸掛於此的聖盾與長矛，然後說道：「瑪爾斯，請保佑我！」

　　瑪爾斯可以讓男人的臂膀更加強壯，英雄們也會自己去主動學習如何變得驍勇善戰。

Chapter 12
米娜瓦造雅典

　　海浪輕輕拍打著阿提卡（Attica）的海岸。突然，海浪退去，海面平靜如鏡。海神涅普頓出現了，就好像是從岩石洞中蹦出來的一樣。他高舉著三叉戟，胯下駿馬的金色鬃毛在風中飄揚。牠們的青銅馬蹄從水面上掠過，直奔岸邊，幾乎沒有激起任何水花。

　　與此同時，有一位好戰成性的女神出現在陸地邊緣。她像瑪爾斯一樣高大挺拔，但是和瑪爾斯有些黯淡的鎧甲相比，她的鎧甲熠熠發光。她手持父親朱比特的風暴盾牌，矛尖透出一道道閃電。這是米娜瓦，另一位戰爭之神。她雖然有時如狂風驟雨般恐怖和威武，但是在那之後，她也會將溫暖灑向人間，將祥和帶給凡間。

　　「涅普頓和米娜瓦怎麼遇上了？」漁民和水手擠在沙灘上，相互問道。

　　一位智者回答道：「他們正在進行一場競賽，獲勝者將得到建造一座城市的榮耀。」作為這場競賽的評判者，在場的

Chapter 12　米娜瓦造雅典

希臘人退到一旁,密切關注著比賽的發展。

涅普頓將他的戰車開到陸地上。下車後,他奮力吹響了他的號角,召集水中的仙女和風中的精靈助他一臂之力。隨後,他爬上群山之巔一塊荒蕪的岩石上。這塊岩石毫無生氣,甚至連一棵草也沒有長。涅普頓站在岩石之上,希臘人屏息凝神注視著他,不知道會發生什麼。他身披還在淌水的海藻斗篷,墨綠色的飄逸長髮中夾雜著一些白色的鹽粒。涅普頓舉起手中的三叉戟向岩石刺去,這塊古老的岩石瞬間裂開了很深的一道縫。隨後,岩石的裂縫中開始有清泉湧出。而在這之前的任何時候,這塊石頭從未流出過一滴水。

「涅普頓贏定了!沒有任何神能完成從一塊荒蕪的岩石中取水的壯舉。」人群的歡呼聲一浪高過一浪。

此時,米娜瓦也登上雅典衛城阿克羅波利斯(Acropolis)的這塊岩石,在涅普頓的身旁站定。她舉起手中那根由眾神鍛造和回火的長矛,輕輕地觸碰了這塊毫無生氣的岩石。奇蹟出現了,米娜瓦也因此而得到了人們的擁戴。

堅硬的岩石上突然冒出一顆綠色的小樹苗,並以令人吃驚的速度不斷向上生長,枝條變高、變寬,形成了樹幹和樹枝,然後長出灰綠色的樹葉遮住自己。它擋住了陽光的照射,並投下令人愉悅的樹蔭。最後,這棵神奇之樹的每根樹枝上都結出了一種神奇的綠色圓形果實。它們有著鮮美的味

道,並且富含油料。這種健康而且具有治癒效果的果實,雖然從未在凡間出現過,但正是全世界所需要的。

在場的希臘人一擁而上,聚集在樹下品嘗美味的果實。

「米娜瓦贏了!」他們呼喊道,「涅普頓為雅典衛城帶來的泉水就如同大海,味道有些生澀。但是米娜瓦為希臘人帶來了橄欖樹。」

這就是當時所發生的事情。米娜瓦帶給了人類他們真正需要的東西。雅典作為公正之城被授予戰爭女神米娜瓦,以獎賞她對人類的仁厚之心。

涅普頓則用行動證明了自己是一個多麼糟糕的失敗者。他是一個暴躁、自負而且上了年紀的神,自從他父親的時代——陸地和海洋分離時開始,便習慣於依照自己的方式行事。他也希望擁有雅典城,這樣他就可以來去自如。尤其讓他感到丟臉的是,他必須要將它拱手讓給女神米娜瓦。涅普頓猛地衝到岸邊,用盡全力吹響了號角,以此召集所有的海神和風暴之神幫助他摧毀這座城市。

響應召喚的眾神構成了一個多麼強大的部隊!

特里頓(Triton)是海神涅普頓的兒子。當支援者接近陸地的時候,他負責引導並吹響戰鬥的號角。鷹身女妖哈比(Harpies)飛過來圍在他身邊。哈比是一種身體和人類一樣龐大的大鳥,長著奇形怪狀的爪子,以人肉為食。支援者中

Chapter 12　米娜瓦造雅典

還有隻只需在人類身體繞上一圈，就能讓他們粉身碎骨的海蛇。此外，北風之神玻瑞阿斯（Boreas）也翻捲著滔天巨浪，一步步向岸邊逼近。這些來自海洋的邪惡力量攪得海面不得安生，不管是雅典還是雅典人民，似乎都沒法在這場海上湧起的驚濤駭浪中倖免。

然而，代表正義的女神米娜瓦選擇與希臘人同甘苦共命運。很少有人敢正視米娜瓦的眼睛，她眼神中的勇敢、征服和震懾，以及她那飾以紋章的榮耀之盾，都讓人膽顫心驚。隨後，在她的長矛之下，涅普頓的部隊節節敗退。她主宰了戰爭的進程，並協助雅典人取得了勝利，雅典也由此走向了和平與繁榮。

正如你所瞭解的，神和人一樣，也喜歡一些專屬於自己的特殊禮物，並且他們會非常珍視這些禮物。朱比特對雷電有一種特殊的感情，他的王座背後堆積了很多雷電球；阿波羅對他的七弦琴情有獨鍾；墨丘利視他的靴子和帽子為珍寶；如果不佩戴鑲有寶石的腰帶，維納斯從來不會出門，她認為腰帶會更加彰顯自己的美麗。而米娜瓦則一直希望擁有一座城市。如今，她終於美夢成真，雅典是一座非常宏大而且美麗公正的城市。

米娜瓦在雅典傾注了大量的精力照料橄欖果園，推廣橄欖種植，並保護城市免受入侵，人們慕名從希臘各地和鄰國

來到雅典。無奈敗走的涅普頓在雅典衛城的山上留下一匹戰馬，米娜瓦專門為牠發明了一套由馬銜和韁繩組成的挽具，並將牠帶到雅典市中心的廣場，打破了牠的神話地位。由此，希臘人有了耕種和運載大量木材、石頭和穀物的馬匹，進一步促進了雅典的繁榮，為人民帶來了財富。當所有人都開始享受和平的時候，米娜瓦脫下盔甲，來到各家各戶之中，教女人們紡紗和織布，以及從她所栽種的橄欖中煉油。

米娜瓦來到各家各戶之中，
教女人們紡紗和織布，
以及從她所栽種的橄欖中煉油

Chapter 12　米娜瓦造雅典

　　每個人的生活都變得繁榮而且富足。這些財富似乎都要歸功於橄欖樹，因為它會在任何可以開花結果的地方迅速繁殖，現在已經遍佈阿提卡。

　　離雅典不遠的地方是波斯人的王國。多年來，波斯人在戰鬥中一直立於不敗之地，並且對戰爭與征服充滿熱情。雅典人過於專注自己的生活，逐漸淡忘了他們好戰的鄰居。直到那個具有決定性意義的一天，一名報信者上氣不接下氣地跑進城，告訴大家波斯軍隊已經在城郊集結。

　　這引起了希臘人的混亂和驚恐──他們還未曾做好戰爭的準備。於是，他們去詢問神諭，希望得到如何應對波斯軍隊的指引。神諭回答道：「要相信你們的木城堡！」

　　希臘的智者徹底曲解了這個建議，因此在雅典衛城的山上忙著修建木製防禦工事。山上米娜瓦栽種的第一棵橄欖樹依舊挺拔，像是在默默守護著雅典人的美好生活。神諭的本意是讓希臘人依賴他們的艦隊，阻止波斯人靠近海岸線。木牆剛一建成，波斯人就開始向雅典發起了進攻。

　　米娜瓦手持她的火焰長矛，來到父親朱比特面前，眼中含淚地乞求父親庇護雅典城的安全。當米娜瓦跪倒在父親王座之前做出懇求的時候，她得到的是父親的拒絕。對於朱比特而言，這無疑也是一個痛苦的抉擇。米娜瓦身穿閃亮的盔甲跪在父親的面前，朱比特低頭注視著自己最心愛的女兒。

最後，他告訴了米娜瓦一些關於她的城市的一些事情，這些事情即便是作為眾神之王的朱比特也無法改變。

「雅典過於沉浸於自己的繁榮，而遺忘了眾神。」朱比特說道，「這座城市只是為了自身的發展而生活和勞作，因此必須被摧毀。這樣一來，一個更美好、更高貴的城市才可能從廢墟中崛起。」

米娜瓦只能眼睜睜地看著雅典城在戰火和刀光劍影中一點一點被消耗。整個城市陷入一片火光之中，濃煙升騰而起，甚至飄到了眾神的家園中。很快，除了那些作為地基的石頭，整個雅典城被付之一炬，那些沒有戰死的英雄們被迫轉移到海上。米娜瓦降落在雅典衛城的小山上，她寄希望於那些橄欖樹的樹根至少能被保留下來，所幸，她發現了一個奇蹟。

朱比特下令保留這些樹根，當作米娜瓦始終對雅典不離不棄的象徵，哪怕雅典城已經是一片廢墟。在波斯人留下的荒涼廢墟上，樹根以令人驚奇的速度長到了九英呎高。這代表著雅典沒有死去，而將重生為一個更為美好和公正的城市。

米娜瓦頭戴金色頭盔，高舉著明晃晃的盾牌，迅速趕往海邊。在那裡，她召集起英雄，重新配置船隻，向敵軍的艦隊發起進攻。雖然波斯艦隊的戰船在數量上有著壓倒性的優

Chapter 12　米娜瓦造雅典

勢，但是最終遭遇了可怕的潰敗，被摧毀在岸上。在米娜瓦的幫助下，希臘人最終贏得了勝利，朱比特的預言也變成了現實。原來的雅典已經不復存在，新的雅典百廢待興。

這正是米娜瓦所樂於從事的事業——贏得一場防禦戰，然後再建立一個全新的城市，並消除任何廢墟的痕跡。她和希臘人民一起，在其他諸神的幫助下，努力將雅典打造成一個前所未有的夢幻之城。

司掌農業的女神刻瑞斯復原了廢棄的田地和果園，讓橄欖樹再次在這片土地上旺盛生長。米娜瓦忙於鼓勵女性製作比戰爭之前更漂亮的手工品，並教她們餵養和照顧嬰童，讓他們茁壯成長為希臘的驕傲。大量的馬匹被訓練並在戰車上使用。阿波羅帶給了這座城市陽光和音樂，建築師建造了美麗的大理石神廟、雕像、柱子和噴泉。

希臘人開始變得有集體精神，這是讓一座城市偉大和強盛的必要條件。在假日，士兵和運動員們舉行了盛大的遊行，並且舉辦遊戲、宴會和演習等活動。其中最盛大的是米娜瓦自己的節日。首先，是展示女神新長袍的遊行。這件長袍由雅典技藝最精湛的婦女和少女編織、刺繡而成，被懸掛在一輛設計為船形的花車上。長袍在花車前部展示，就如同飄揚的風帆一般，是遊行的焦點。所有的雅典人都跟在花車後面參加遊行，年輕的貴族騎著馬或乘坐戰車，戰士們全副

武裝，商人和農夫，以及他們的妻子和兒女則穿著最盛大的服裝。這件新長袍將會被穿在雅典城內帕德嫩（Parthenon）神廟的米娜瓦雕像上。最終，人們將米娜瓦稱為帕拉斯・雅典娜（Pallas Athene），他們所熱愛的城市的守護神。

隨後，將會舉辦由運動健將參加的比賽。其中，最受歡迎的獎品是一個巨大的陶瓷花瓶。花瓶的一側是米娜瓦昂首向前，準備擲出手中長矛的身影，她的兩側各有一根柱子，代表著跑道。花瓶的另外一側是贏得比賽的照片，裡面裝滿了來自米娜瓦栽種的橄欖樹上的純淨橄欖油。希臘人已經瞭解到，有時候戰爭也是不可避免的，但米娜瓦會使用從她的神樹上採集的橄欖油治癒他們的傷痛；並且，新的雅典城會是他們所處的時代最理想的城邦之一。

Chapter 12　米娜瓦造雅典

Chapter 13
卡德摩斯雕刻字母表

　　建造一座城市有各式各樣的方法。在希臘神話中，卡德摩斯用他的方式建造了美麗的底比斯。

　　卡德摩斯年輕時，便開始在凡間遊歷。他從一處海岸游蕩到另一處，樂此不疲。他是海神涅普頓的後裔，如同那些永不停歇的海浪一樣，有著一顆無法安定下來的心。但是卡德摩斯一直希望在陸地上為自己建造一座家園。這樣他就可以召集英雄，建造神廟和市場，塑造美好的雕像。

　　為此，他詢問了位於德爾菲的阿波羅神諭，想知道應該在哪個國家定居。隨後，那條古怪而深邃的裂縫中傳出一個聲音，告訴他首先要在田間找到一頭母牛，然後不管牠去向何方都緊緊跟著牠。母牛在哪裡停下來，卡德摩斯就應該在哪裡建造一座名為底比斯的城市。

　　卡德摩斯離開神諭的洞穴之後，驚訝地發現了一頭白色的母牛。牠的脖子上戴著鮮花編織的花環，在附近的草地上吃草。看到卡德摩斯，母牛抬起頭，緩緩地靠了過來。卡德

Chapter 13　卡德摩斯雕刻字母表

摩斯跟在母牛身後,一直走到埃及的一片有著肥沃土地的寬廣平原。隨後,母牛在這裡站定,高昂起頭顒望向天空,然後發出低沉的吼叫。

指引卡德摩斯的白色母牛

卡德摩斯彎下腰,捧起一小撮異域土壤,將它送到唇邊親吻。他滿心歡喜地環視四周的青蔥山丘,欣賞著阿波羅為他指引的場所。他覺得應向眾神之王朱比特表示感謝,於是走向附近的一股清泉。在用清水洗淨雙手之後,他高舉雙臂指向天空。

泉水從一個由厚厚的灌木叢覆蓋的洞穴噴湧而出,如水晶般晶瑩甘冽。那裡是一片古老的樹林,從未被斧頭破壞過。卡德摩斯穿過叢林進入山洞,發現裡面別有洞天。厚厚的樹枝樹葉遮住了陽光,洞中呈現出一派清幽的場景。

卡德摩斯將僕人遞給他的一個花瓶放入噴泉水流中,當他打滿水準備拿起來的時候,花瓶突然從他手中跌落,鮮血

順著他的臉頰流淌下來，他的四肢也開始顫抖。一條毒蛇從水中探出頭來，嘴裡發出可怕的嘶嘶聲。牠的眼睛如火焰一樣熾烈，嘴裡有三排毒牙和三排獠牙，長有羽冠的頭顱和鱗片猶如拋光之後的青銅一樣閃閃發光。毒蛇將身體盤成一團，將頭高高揚起，隨時準備攻擊，哪怕比灌木叢還要高的高度似乎也不在話下。卡德摩斯的僕人們驚恐萬分，一動也不敢動。毒蛇將他們全部殺死了──有的死於毒蛇的獠牙之下，有的死於夾帶著泡沫的氣息中，還有些死於牠那令人窒息的褶皺內。

只有卡德摩斯倖免於難。他掙扎著爬出洞穴，藏身於灌木叢之後，準備與毒蛇決一死戰。他用一張獅子皮將自己從頭到腳偽裝起來，一隻手拿著標槍，另一隻手拿著長矛。卡德摩斯心中充滿了勇氣，那是比標槍和長矛更強大的武器。隨後，卡德摩斯回到被殺害的僕人們中間，毫無畏懼地站在毒蛇面前，盯著牠那還淌著血的血盆大口。與此同時，他舉起一塊巨大且尖銳的石頭，直接朝毒蛇扔了過去。石頭刺穿了毒蛇的鱗片，直插牠的心臟。憤怒的毒蛇脖子瞬間漲粗了好幾圈，從鼻孔噴出的有毒氣體在空氣中瀰漫開來。隨後，牠將自己盤成一個圓圈，從樹上墜落到地上，就像是一段破碎的樹幹。趁此機會，卡德摩斯大膽地走上前去，用長矛刺入怪物的頭部，將牠釘在牠所掉落的那棵樹下。毒蛇掙扎著想要擺脫控制，巨大的力量讓大樹也變得彎折和扭曲。最

Chapter 13　卡德摩斯雕刻字母表

終，牠在卡德摩斯面前放棄了掙扎，一動不動地癱在那裡，已經沒有了生命。

隨後，發生了一件神奇的事情。當卡德摩斯站起身來，看著面前的手下敗將時，有一個聲音傳到了他的耳邊。雖然他無從分辨聲音到底從哪裡來，卻聽得很真切。

「卡德摩斯，去把這條巨蛇的牙齒取出來，然後將這些牙齒埋在你即將建立的底比斯城的平原上，這是命令。」

卡德摩斯遵從了命令。他拔出毒蛇三排尖銳的牙齒，然後犁一道溝，將它們全部都埋在裡面。沒等他用土蓋住它們，一些土塊就自動堆了上去。就在伊阿宋（Jason）到處去尋找黃金羊毛的時候，那些毒蛇的牙齒在被掩埋的位置生根，並且在金屬盔甲和長矛的幫助下破土而出。在這些代表戰爭的跡象萌芽之後，慢慢顯現出了一隊士兵的頭部和胸部，到最後整個平原都是舉著明晃晃盾牌的士兵。空氣中充斥著令人恐懼的戰爭喧囂聲。

卡德摩斯是唯一一個主張鎮壓這些從土地中長出的士兵的人，並且已經做好了與這些新敵人來一場激戰的充分準備。但是就在他前進的時候，他再次聽到了那個神祕的聲音。

「卡德摩斯，不要內戰。」那個聲音說道。

卡德摩斯一心想要建造一個和平而且興旺的城市，並且

深知內亂足以毀滅城市。因此，他單槍匹馬地進入戰場，拔劍刺向其中一個好戰的士兵。然而，他自己跌倒了，並被一支箭射中。他止住流血之後，立即站起身來繼續往前衝，殺死了四名士兵。與此同時，戰士們似乎陷入了戰爭的瘋狂之中，他們開始彼此殘殺，人群亂作一團。最後，除了五名戰士，其他戰士紛紛倒下，並由於受了致命傷而死去。這五名倖存者將武器扔到一旁，然後不約而同地放聲痛哭起來。

「兄弟們，讓我們和平相處吧！」

他們加入了卡德摩斯的行列，與他一起為這座名為底比斯的偉大城市奠基。

他們測量並規劃了道路，確保它們足夠堅固，以便可以承載國王往來底比斯所乘坐的重型戰車。他們建造了房屋，房屋的裝飾和雕刻以及所使用的貴重金屬在整個希臘都是無與倫比的。他們使用稀有的家具進行佈置，並在牆上畫下以眾神為題材的繪畫，在桌子上擺上了金色的盤子和杯子。他們還在城市的邊界線上建立了一座巨大的城堡，以抵禦外敵入侵。卡德摩斯修建了用於製造工具、家具和家用器具的工廠，以吸引商人們來底比斯做生意，並透過商業促進城市的繁榮。他們為底比斯城設定了七座大門，這是為了紀念阿波羅為凡間帶來美妙樂曲的七弦琴。

當底比斯建成的時候，似乎是世界上任何其他城市都難

Chapter 13　卡德摩斯雕刻字母表

以匹敵的。它看起來工商業發達，和平並且富足。不過，卡德摩斯為底比斯帶來了更重要的禮物。

他用了很長的一段時間祕密工作，使用尖銳的工具在石碑上雕刻。直到有一天，他向人們展示了自己的成果——字母表，透過閱讀和寫作，賦予他的子民們學習的力量。

這讓他的城市更加完整。對於一個經歷過內亂的民族而言，如果他們願意，也可以像眾神那樣工作並接受教育。

底比斯人也變得很偉大，並推選卡德摩斯當底比斯的國王。他在底比斯進行了公正、善良的長期統治。

Chapter 14
米娜瓦織造圖畫

　　希臘女孩阿剌克涅（Arachne）是一名了不起的織工。她先用靈巧的雙手拿起一團白色的羊毛，將它紡成長長的白色毛線。接著，她梳理這些毛線，直到它們像雲朵一樣柔軟輕盈。她在大自然中勞作，她的織機被安放在綠色森林中一棵古老的橡樹之下。陽光從樹葉之間投射下來，照亮了她在織機上織造的圖案。她手中的梭子不停地穿梭，最終她製造出了一塊完美的布料。

　　隨後，阿剌克涅用染成彩虹色的羊毛線穿針引線，在她的作品上留下了陽光穿過雨滴時所留下的所有美麗顏色。

　　那些居住於山林水澤，被稱為寧芙（Nymphs）的美麗仙女們已經圍攏在阿剌克涅周圍，爭相一睹她工作的風采。其中一名仙女問道：「我心靈手巧的阿剌克涅，今天妳會在掛毯上繡什麼東西？」這些仙女穿著飄逸的綠色衣服，看起來已經和森林融為一體。阿剌克涅開始繡花，仙女們將她圍得水洩不通。在阿剌克涅的織針下，青草似乎在不斷生長，而花

Chapter 14　米娜瓦織造圖畫

朵則猶如春天一般燦爛綻放。

「今天阿剌克涅會繡什麼圖案？」其中一位仙女問道。

「妳的織造技術太棒了，就好像是米娜瓦親自傳授的一樣。」一名仙女有些羞澀地對阿剌克涅說道。

阿剌克涅因為羞惱而紅了臉。米娜瓦是司掌女性紡紗、織造和針線活這些必備技能的女神。阿剌克涅的確是得到了米娜瓦的傳授，但她是一個有些自負的女孩，總是否認這一點。

「這些技能是我自創的。」她回答道，「妳們可以讓米娜瓦和我比一場，如果她能完成比我的作品更珍貴的作品，我願意接受任何懲罰。」

這只不過是阿剌克涅不知天高地厚的妄想而已。當她在誇誇其談的時候，仙女們被這個凡人的自大嚇到了，紛紛四散而去，只留下樹葉沙沙作響。阿剌克涅抬起頭，仙女們已經不見了，一位老婦人站在她的身旁。

「去和妳的凡人同胞們比試吧，我的孩子。」她說道，「永遠不要試圖挑戰女神的權威。妳應該請求米娜瓦寬恕妳這些輕率的言論。」

阿剌克涅不屑地搖了搖頭。

「這些話留著教育妳的女僕們吧！」阿剌克涅回答道，「我為我說的話負責。我不怕女神。我再說一遍，如果米娜瓦勇

於冒險的話，就和我比一場。」

「她就在這裡！」老婦人說道。她卸下自己的偽裝，身著女神米娜瓦的閃亮盔甲，出現在阿剌克涅面前。

一開始，阿剌克涅因為驚恐而面色蒼白，但隨後她的傲慢戰勝了恐懼，她的內心充滿了愚蠢的自負。當米娜瓦製造出另外一臺織機的時候，她已經在自己的織機上開始了一件新的作品。比賽正式開始。她們將範本套在織軸上，然後用細長的梭子飛速地穿針引線。她們用纖細的織箆將緯線梭織到經線上，直到面料變得緊緻。隨後，她們開始了針線活的比拚。

然而，阿剌克涅決定做一些被眾神視作禁忌的事情。她打算用她的技藝織造一些邪惡而非善良的事物。

她開始繡制一幅可能讓眾神不悅的圖片。她高超的技巧和彩色羊毛線的填充足以讓那些人物和場景看起來栩栩如生。阿剌克涅所繡制的場景是美麗的歐羅巴（Europa）公主在海邊放牧她父親的畜群。其中有一頭公牛看起來非常馴服，牠馱著歐羅巴，躍入海水中，並帶著歐羅巴遠離希臘故鄉的海岸。阿剌克涅將這頭公牛繡成了偉大的朱比特神的容貌。

米娜瓦的繡作則大不相同。身為智慧女神，她從奧林帕斯山上降落凡間，並帶來了美麗的橄欖樹作為禮物，給凡人以蔭庇、果實和油料。米娜瓦在掛毯上繡制了一棵綠色的橄

Chapter 14　米娜瓦織造圖畫

欖樹圖案。

　　米娜瓦還在橄欖樹的樹葉之間精心繡了一隻蝴蝶。牠栩栩如生，似乎在橄欖樹中翩翩起舞，翅膀上的絨毛和如絲綢般順滑的背部似乎觸手可及。這隻蝴蝶有著伸展的觸角、閃閃發光的眼睛和絢爛奪目的色彩。雖然阿剌克涅不屑一顧，但是米娜瓦的手藝要遠勝於她。當她們都完成作品之後，阿剌克涅知道自己輸定了。

米娜瓦繡制的綠色橄欖樹

　　米娜瓦打量著阿剌克涅的掛毯，裡面繡滿了自負和孤注一擲的征服欲望。而米娜瓦的作品則顯示出橄欖樹對於人類生命的意義和如蝴蝶般的美麗。女神認為阿剌克涅的作品沒有資格與自己的作品相提並論，於是將手中的梭子擲向阿剌

克涅的掛毯，將它撕成碎片。

阿剌克涅突然醒悟，她浪費了自己美好的才華。她突然想逃離自己織造的作品和織機發出的聲音。旁邊一棵樹上垂落一根樹藤，阿剌克涅將它纏繞到自己身上，希望樹藤能將她帶到樹上。但是米娜瓦不允許她這樣做。米娜瓦將毒草附子的汁液塗抹在阿剌克涅身上，阿剌克涅的頭髮立即脫落，鼻子和耳朵也是一樣。她的身體開始變得萎縮，頭也越來越小。她的手指緊貼在身體上，變成了和腿一樣的形狀。那根樹藤也變成了一條長長的灰色絲線，阿剌克涅就這樣垂懸在上面。

阿剌克涅，這個希臘曾經的熟練織工，現在變成了森林裡的一隻蜘蛛。從那以後，她就一直紡著一觸即潰的蛛絲，織著弱不禁風的蛛網，日復一日，年復一年。

Chapter 14　米娜瓦織造圖畫

Chapter 15
海克力斯的神仙教母

　　在那些你最喜歡的古老故事中，英雄的王子一定會有一位神仙教母。她負責對英雄的處世之道進行督導，並且幫助他在冒險歷程中獲得成功。但是古希臘的海克力斯，這個堪稱是我們所知道的最偉大的英雄，卻有著兩位神仙教母。在希臘神話時代，她們的名字雖然不為人所知，但是她們是影響海克力斯命運的兩位非常強大的女神。還有一件有意思的事情是，沒有人能說清哪一位對海克力斯而言更加重要。

　　海克力斯和其他的嬰兒一樣呱呱墜地，不一樣的是，他的父親是眾神之王朱比特。身為含著金湯匙出生的幸運兒，每個人都對他有很大的期待。和古老的童話中經常出現的故事一樣，由於身世顯赫，海克力斯有很多的敵人，其中一個便是女神朱諾。

　　有一天，還沒學會走路的海克力斯躺在搖籃裡，突然看到了一幕足以將比他年齡還大的孩子嚇暈的可怕場景。他的搖籃兩側各出現一條綠色的巨蟒，牠們高昂著綠色的頭，發

Chapter 15　海克力斯的神仙教母

出可怕的嘶嘶聲。巨蟒張開嘴，露出有毒的尖牙，想將這個神的後代置於死地。海克力斯的僕人們不敢挑戰這些怪物，驚叫著四散而去。海克力斯卻伸出稚嫩的雙臂，一手抓住一條巨蟒，扼住喉嚨將牠們勒死。

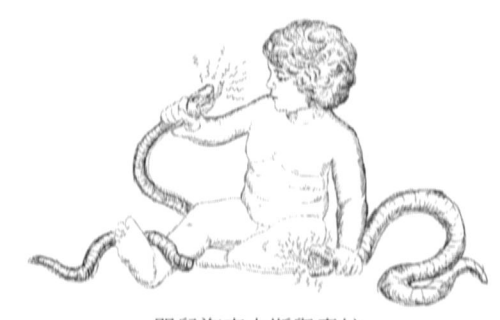

嬰兒海克力斯與毒蛇

在那之後，人們對海克力斯有了新的認知。他們看著他一天天長大，他除了四肢比其他男孩更加發達之外，肌肉也更加健碩。在他周圍依然既有欣賞他的人，也有對他恨之入骨的人──只因為他是神的兒子。海克力斯的敵人們安排他接受歐律斯透斯（Eurystheus）的訓導，並下令歐律斯透斯為他安排幾乎不可能完成的任務。

「這個小傢伙最後注定要失敗，並永遠從我們眼前消失。」對海克力斯極度憎惡的女神朱諾說道。

海克力斯開始在希臘一處名叫尼米亞（Nemea）的河谷接受歷練。這裡雖然有著成片的橄欖樹林、果園和莊稼地，但這個地方的恐怖之處在於山裡居住著尼米亞獅子。從未有人

見過如此巨大的獅子,一張血盆大口似乎能吞噬一切。歐律斯透斯命令海克力斯帶回這隻怪物的黃褐色皮毛。

「我應該怎樣殺死尼米亞獅子?」海克力斯問道。

「利用你的利箭和魔杖。」歐律斯透斯漫不經心地回答道。但是他知道,整個希臘都找不到一支可以刺穿獅子皮毛的箭,哪怕是海克力斯的那根用粗壯的幼樹製成的法杖,也絲毫不能傷害這頭野獸。

「海克力斯怕是永遠回不來了。」看著這位年輕的英雄義無反顧地走進群山,河谷中的居民彼此說道。

但是,海克力斯第二天就出現在人們面前,依然像剛開始那樣朝氣蓬勃、無憂無慮,只是肩膀上多了一張尼米亞獅子的皮毛。

「牠被你的魔箭和魔杖施了魔法嗎?」海克力斯的年輕朋友們圍在他身邊問道。

「我掐住獅子的喉嚨,用雙手殺死了牠。」海克力斯向他們解釋道。

聽到這些話,站在人群外的歐律斯透斯眉頭緊鎖。「我必須製造更大的麻煩給他。」他想。

阿爾戈斯是一個美麗並且富饒的希臘城市,但城外沼澤中有一隻名叫海德拉(Hydra)的九頭蛇怪物出沒。人們永遠不知道牠什麼時候會潛入為他們提供純淨飲水的水井中。怪

Chapter 15　海克力斯的神仙教母

物有九顆頭，謠傳其中一顆是長生不死的。

「去阿爾戈斯並殺死九頭蛇。」歐律斯透斯向海克力斯發出了命令。

海克力斯已經做好了冒險的準備，他帶著之前殺死尼米亞獅子時使用的武器再次出發。他來到海德拉盤踞的水井旁，這裡也是導致整個國家陷入乾旱的源頭。海德拉正好在水井中。海克力斯走上前去，用他的魔杖打掉了海德拉的一顆頭。令他吃驚的是，在這顆頭掉落的位置又長出來兩顆新頭！海克力斯明白，解決這個傢伙是一件棘手的事情。他揮舞著魔杖擊打著不斷冒出的蛇頭，一刻也停不下來。最後，除了那顆不死的頭之外，他終於把所有的蛇頭都敲落下來。最終，海克力斯心生一計，他用強而有力的雙手將那顆頭顱擰下來，並深埋到一塊巨大的岩石下面。

「應該為海克力斯安排一項和面對野獸不一樣的任務。」歐律斯透斯計上心來，「讓他去打掃奧革阿斯（Augeas）國王的馬廄。我們倒要看看神的兒子是否會屈尊做這樣的髒活。」

這確實是髒活，基本沒有冒險精神可言。希臘厄利斯（Elis）的老國王奧革阿斯馬廄中有 3,000 頭牲畜，而且很多牲口棚已經有 30 年沒人清理了。那些牲畜本來都有著優良的血統，但是因為餵養不當而奄奄一息。國王身邊不是沒有

英雄，只是他們都覺得清理馬廄這樣的工作實在是太有失身分了。

然而，海克力斯沒有這樣的想法。他已經為新工作做好準備，甚至有些期待。他唯一的想法是如何徹底並漂亮地完成任務。最後，他有了一個非常新穎的想法。

在當時，幾乎所有司掌戶外事務的小神見了海克力斯都要禮讓三分。曾經有一位河神，惡作劇地讓河水漫過河堤，淹沒了春天剛剛播種的農田。海克力斯好好地教訓了他一頓，敲破了他的一隻角，讓他老老實實地將河水控制在河堤內。海克力斯決定讓河神來幫他這個小忙。

於是，海克力斯下令引導阿爾菲奧斯河（Alpheus）和佩紐斯河（Peneus）這兩條河流徹底沖刷奧革阿斯的馬廄。這項工作完成得非常漂亮，他也有足夠的理由因為擁有另一項能力而感到驕傲。海克力斯發現，在清潔工作中，只使用一個人的能力固然可以做得漂亮，但是換個思路，效果一樣出色。

多年以來，海克力斯不斷完成一次次冒險，並且每次都是勝利而歸——儘管所有人都預言他將失敗，並且灰溜溜地逃回來。歐律斯透斯想要一副新的牛軛，並指明只要希臘西部的夕陽之地由一個長著三個身體的巨人守衛的那副。海克力斯到達那裡時，他發現除了巨人之外，還有一隻長著兩顆

Chapter 15　海克力斯的神仙教母

頭的巨狗守衛著那頭牛。海克力斯殺死了巨人和他的狗，並將牛趕到歐律斯透斯面前。

海克力斯戰勝了所有的野獸和巨人，並且完成了交給他的所有任務！奧林帕斯山山神的兒子還有什麼是辦不到的？歐律斯透斯覺得一定有。於是，他派海克力斯去執行一項看似注定徒勞無功的搜尋。他命令海克力斯將金蘋果帶回希臘，卻不告訴他金蘋果到底在哪裡。

那是一些非常飽滿和美麗的蘋果，完全由純金打造。據說，那是人類在世上所認識的第一種水果。而且，它們也是希臘人最夢寐以求的。那些金蘋果是大地之神蓋亞（Gaea）送給朱諾的結婚禮物，現在掛在赫斯珀里得斯（Hesperides）姐妹所居住的美麗花園的一棵黃金樹上，她們還派了一條惡龍看守這些金蘋果。即便是知道這些金蘋果的確切位置，採摘它們依然是件棘手的事情。海克力斯出發時並沒有明確的路線圖或計畫表，這是他所有冒險中最為困難的一個。

在路上，他遭遇了大地之子安泰俄斯（Antaeus），一位強大的巨人和摔跤手。海克力斯和他過招，並且一次次將他摔翻在地。但是每次巨人從地面上爬起的時候，都會重新煥發力量，就像是被施了魔法一般。海克力斯最終找到了安泰俄斯力量的祕密，贏得了戰鬥。這些情況，我們將在下一個故事裡講述。隨後，海克力斯繼續前進，大地之子已經無法

阻擋他的腳步。很快,他來到了非洲的阿特拉斯山(Mount Atlas)。上了年紀的駝背巨人阿特拉斯站在群山之巔,肩膀扛著天空。他和群山的年紀一樣大。他被眾神判定一年四季站在那裡,永遠不能回自己的家。

「老阿特拉斯,如果你願意去金蘋果園為我帶一顆金蘋果回來,我可以站在山頂上頂替你一會兒。」海克力斯對巨人說。

「我的孩子,天空可比你想像的要重得多。」阿特拉斯回答道,「我不認為你能扛得住。」

「讓我試試。」海克力斯催促道。

這樣,阿特拉斯將天空的重擔從他的肩膀轉移到海克力斯的肩膀上,海克力斯牢牢地撐起了天空。當阿特拉斯回來時,懷裡抱著許多珍貴的金色小球。海克力斯仍然頂著天空,彷彿舉重若輕。阿特拉斯想讓他一直這麼頂著,但海克力斯可不是這麼打算的。他將重擔交還給阿特拉斯,然後帶著金蘋果回了希臘。

即便是在這最後一次考驗中,海克力斯也征服了凡間。似乎沒有任何壯舉是這位英雄完不成的。他繼續動用自己強大的力量,甚至下到普路托掌管的暗黑世界,將囚禁在那裡的英雄忒修斯解救了出來。最終,甚至是他在奧林帕斯山上的宿敵們,也不得不為海克力斯留出了一塊象徵榮耀的位

Chapter 15　海克力斯的神仙教母

置。朱比特用雲彩環繞他，並派出一架由四匹馬拉的戰車載著他沿著星光大道回家。當海克力斯回到奧林帕斯山時，老阿特拉斯的背就更駝了，因為英雄的回歸增加了天空的重量。

然而，你可能會問，那兩位作為神仙教母指引海克力斯命運的女神到底是誰？古人也有著同樣的疑惑。在朱比特將海克力斯從希臘召回之前，海克力斯回答了這個問題——其中一位是「美德之神」（Virture），另一位是「歡愉之神」（Pleasure）。海克力斯最終選擇了第一位，並終身追隨。

Chapter 16
俾格米侏儒與巨人

很久很久以前的希臘神話時代,地面上有一位土生土長的巨人安泰俄斯,還有同樣土生土長的侏儒人俾格米(Pgymy)。他們都是同一個大地母親的孩子,大家友好而和平地生活在非洲中心。

如果你看到侏儒族的袖珍城市,一定會感到非常稀奇。街道只有兩三英呎寬,路面上鋪著世界上最小的鵝卵石,周圍環繞著松鼠籠大小的居住區。如果一個俾格米人能長到六到八英寸高,就會被認為是個巨人。他們和其他人類之間隔著很多的荒漠和高山,以至於能碰到他們可以說是百年不遇的稀奇事。

侏儒族國王的宮殿和洋娃娃的房子一樣高,這座宮殿和其他的房子都不是用石頭或木頭建造的。它們被侏儒工匠用砂漿整齊地黏在一起,非常像鳥巢,只不過沒有稻草、羽毛、蛋殼和一些硬質黏土。當太陽將他們的房屋曬乾之後,便是侏儒們理想、舒適的居所。

Chapter 16　俾格米侏儒與巨人

　　他們的巨人朋友安泰俄斯身材高大，拄著一棵松樹作為枴杖。在陰天的時候，俾格米人費好大勁才能看見他的頭頂。但如果是豔陽高照的正午，陽光之下的安泰俄斯就格外的壯觀。他站在那裡，像一座山一樣高大。他臉上掛著微笑，低頭看著他的矮個子兄弟們。他的獨眼猶如一個巨大的車輪，嵌在額頭的正中央，一眼望去，整個侏儒族盡收眼底。儘管他們體型懸殊，但是安泰俄斯需要這些侏儒朋友，就像這些侏儒朋友需要他的保護一樣。他從來沒有遇到過體型和自己類似的生物，更不用說和他們交談了。當他站在地面上，看著浮雲從眼前掠過的時候，心裡無比孤獨。這種狀況已經有數百年，並且可能會一直持續下去。安泰俄斯甚至幻想過，如果他真的遇到了其他的巨人，地面可能容不下兩個如此龐大的生物，他們之間就難免一戰。但是和這些侏儒族朋友們在一起，他就變成了最快樂、最慈祥並使用雲彩洗臉的老巨人。

　　在這個世界上，俾格米人只有一樁麻煩事。他們總是和仙鶴有著無休止的鬥爭，時不時還會爆發恐怖的戰爭。有時候是侏儒獲勝，有時候則是仙鶴獲勝。在兩軍交戰的時候，仙鶴們會拍打著翅膀向前衝，嘴上碰巧會掛住幾個橫衝直撞的侏儒。這些小人被雜亂地撞飛到空中，然後被仙鶴們生吞活剝，消失在牠們那彎曲的喉嚨裡，那真是一幅可怕的場景。如果安泰俄斯發現他的朋友們在戰爭中處於下風，便會

風馳電掣地出現在他們面前,助他們一臂之力。他會舉起自己的魔杖,並對著那些聒噪的仙鶴們大吼,盡快驅散牠們。

　　一天,強大的安泰俄斯正懶洋洋地斜倚在他的侏儒朋友們中間。他的頭枕著一個王國的土地,而腳卻在另一個王國之中。他的朋友們則快樂地在他身上爬上爬下,擺弄著他的頭髮。有時,巨人會小睡個一兩分鐘,鼾聲如雷。有一次,在巨人睡著的時候,一個侏儒爬上了他的肩膀,並朝著地平線盡頭的山峰瞭望。突然,他看到遠處有些不對勁,於是趕忙揉了揉眼睛,好讓自己看得更清楚。他起初以為是一座山,但是很快看到那座山在移動。那個奇怪的東西逐漸靠近,慢慢呈現出人的形狀。雖然沒有安泰俄斯那麼大,但是在侏儒們看來無異於龐然大物。

　　這個侏儒拚命跑向安泰俄斯的耳旁,俯下身來對著裡面大喊道:「安泰俄斯,我的兄弟!趕緊醒過來!拿上你的梣杖,有一位巨人要來和你戰鬥!」

　　「別鬧了,」安泰俄斯嘟囔著,依舊是半夢半醒,「我的小傢伙,我覺得你完全是在胡說八道。你難道沒看見我困死了嗎?地面上沒有巨人值得我起來和他過招。」

　　但是這個侏儒又仔細看了一眼,發現那個陌生的巨人正直接朝著躺倒的安泰俄斯走來。陽光灑在他金色的頭盔上,如一團跳動的火焰。他那亮晶晶的鎧甲在陽光下閃閃發光,他斜挎著一把寶劍,身披一張獅皮,右肩上扛著一根魔杖,

Chapter 16　俾格米侏儒與巨人

看起來比安泰俄斯的松樹柺杖更為粗壯，也更重一些。

此時，侏儒族的所有居民都注意到了這個新狀況，數以百萬計的侏儒族居民齊聲高喊道：「醒一醒，安泰俄斯！振作起來，你這個懶惰的老傢伙！這裡來了另外一個巨人，他和你一樣強壯，想要和你戰鬥。」

「胡說八道！」依然睡意矇矓的巨人咆哮道，「我還沒睡夠，誰來我也不怕！」

陌生人依然一步步逼近，現在侏儒們可以很清楚地看到，雖然他不及巨人高，但肩膀卻要寬闊得多。也就是這樣一副健壯的肩膀，後來扛起了整片天空。侏儒們不停地對安泰俄斯喊叫，甚至用他們的劍去刺他。安泰俄斯坐起來，他打了個哈欠，嘴巴張得有幾碼寬，然後終於朝著侏儒們手指的方向望去。

他看到陌生的入侵者之後，立即跳了起來，一把抓住柺杖，幾步就來到陌生人面前。他一邊走，一邊揮舞著粗壯的松樹柺杖，柺杖在空中發出嗚嗚的聲音。

「你是誰？」巨人怒吼道，「你來我的地盤做什麼？回答我，你這個流浪漢。否則，我將用我的柺杖試試你的頭有多硬。」

「你真是一個非常無禮的人，」陌生人輕聲回答道，「在我離開之前，或許我應該教你一些做人的道理。先自我介紹

一下,我叫海克力斯。我之所以到這裡來,是因為這是通往赫斯珀里得斯花園最快捷的路徑。我要去那裡為歐律斯透斯國王採一些金蘋果。」

「那你別想著往前走了!」安泰俄斯怒吼道。他曾聽說過海克力斯,並因為他的強大而氣憤不已。

「我會用手中這根松木梣杖教訓你一下,但我不會殺死你。畢竟殺死你這樣微不足道的矮子,不是一件光彩的事情。我會把你變成我的奴隸,同時你還要為我的侏儒族兄弟們當牛做馬。所以,放下你的魔杖。至於你身上的那張獅子皮,我覺得讓我做一副手套剛剛好。」

「來吧!看看你能不能從我肩膀上取下來。」海克力斯一邊回答,一邊舉起了自己的魔杖。

聽到這些話,安泰俄斯怒火中燒,像一座巨塔一樣衝到海克力斯面前,用松木梣杖朝他狠狠砸去。海克力斯技高一籌,一把抓住松木梣杖,只是輕輕地回擊了一下,安泰俄斯就應聲倒地,如同一座大山轟然垮塌。巨人馬上爬起來,朝著海克力斯又是重重一擊。不過,惱怒讓他失去了ㄕ,梣杖直接插入大地之中,地面隨之轟鳴和顫抖起來。安泰俄斯的松木梣杖深深地陷入了泥土裡,不等他拔出來,海克力斯就用自己的魔杖向著他的肩膀狠狠砸去。巨人發出恐怖的哀號,聲音在群山和谷地之間久久迴盪,侏儒們的都城也在空

Chapter 16　俾格米侏儒與巨人

氣的震顫中毀於一旦。

但是安泰俄斯又掙扎著爬了起來。他拔出自己的柺杖，衝向海克力斯，再一次發起攻擊。

「混蛋！」他高喊道，「這一次你逃不掉了。」

但是海克力斯再一次避開了巨人的打擊，巨人的柺杖也隨之變為成千上萬塊碎片。不待安泰俄斯脫身，海克力斯再一次出手，給了他致命一擊。海克力斯看著依然想要站立起來的對手，用雙手將他攔腰抱起，高高地舉到空中。

最為神奇的是，安泰俄斯一離開地面，就開始喪失活力。海克力斯很快發現他的對手變得越來越虛弱。不僅僅是踢打越來越沒有力氣，原來如雷鳴般的咆哮也變成了無力的呻吟。事實上，巨人需要每五分鐘接觸一次地面，否則不單是他那超乎常人的力量，甚至他的生命都會一點點流失。海克力斯已經察覺到了這個祕密。如果我們遇到安泰俄斯這樣的對手，這個祕訣可能也用得上。對於這些在大地母親懷抱中長大的巨人們來說，只要他們腳踩著大地，就非常難以征服。但是如果可以設法讓他們離開地面，他們就可能很容易被馴服。

當安泰俄斯的力量和呼吸都消失的時候，他巨大的身體被海克力斯高高拋起，然後重重地落在一英里之外的一座沙丘上，一動也不動。這個龐然大物現在也許依然躺在相同的

位置,只是可能會被我們誤認為是一頭不尋常的大象。

看到他們的巨人兄弟被以這種兇暴的方式對待,可憐的侏儒們發出了哀號。海克力斯準備躺下來打個盹,侏儒們對彼此眨眨眼並點頭示意。海克力斯閉上眼睛之後,整個侏儒族全體出動,準備為巨人復仇。

一支由兩萬名弓箭手組成的隊伍打頭陣,他們箭在弦上,隨時準備射擊。另外兩萬名受命登上海克力斯的身體,其中一些扛著鐵鍬,打算把他的眼睛挖出來。另外一些則抱著乾草,想要堵住他的嘴和鼻孔。但這些根本無法對海克力斯造成任何傷害,他打呼嚕時會把乾草吹散,他呼吸所帶來的颶風會將侏儒們吹飛到空中。侏儒們意識到有必要換一些方法。

在召開會議之後,隊長命令他們各自的隊伍收集棍棒、稻草和乾草,然後將它們堆放到海克力斯周圍。與此同時,弓箭手部署就位,在海克力斯被驚醒之後,馬上開始射擊。一切準備就緒之後,侏儒們用火把引燃了草堆。烈火瞬間燒了起來,變得如蠟油一樣滾燙,足以將海克力斯烤焦。侏儒們雖然很小,但如果想要點燃整個世界,並不比巨人困難多少。

在被燒焦之前,海克力斯就站了起來。

「怎麼回事?」他一邊驚呼,一邊打量著自己的身體,以

129

Chapter 16　俾格米侏儒與巨人

為是另外一個巨人的襲擊。

海克力斯幾乎感覺不到弓箭的襲擊，他環視四周，想要知道敵人到底在哪裡。最後，他好不容易才發現了腳下的侏儒們。他俯下身子，用右手的拇指和食指捏起距離他最近的一個侏儒，將他放在了左手的手掌上，然後盯著他看。

「小傢伙，你到底是什麼人？」海克力斯問道。

「我是你的敵人。」侏儒回答道，「你殺死了我們的巨人朋友安泰俄斯。他是我們的兄弟，也是我們的同胞，我們一定要為他報仇。」

海克力斯被侏儒的誇誇其談和挑釁的手勢逗樂了，他大笑起來，差點讓這個可憐的侏儒從手裡掉下來。

「我發誓，」他說道，「我曾經見過很多神奇的事情，比如說有九顆頭的蛇，有三顆頭的狗，還有肚子裡有座煉爐的巨人。但你比他們都有意思。我的小個子朋友，你的身體只有正常人手指那麼大。那麼請你告訴我，你的靈魂有多大？」

「不比你的小。」侏儒回答道。

海克力斯驚嘆於侏儒的勇氣，於是離開了侏儒國。侏儒們在自己的國家中繼續建造著小小的房子，與仙鶴們進行著小小的戰爭，一如往常地從事著日常瑣事。

Chapter 17
裝滿祝福的豐收號角

　　德伊阿妮拉（Dejanira）是希臘神話時代最美麗的公主之一。在那個古老的時代，她似乎獨占了世間所有的魅力。她的頭髮呈現早春陽光的明亮金色；她的眼睛是如同春夜星空的湛藍色；她的臉頰如夏日粉紅色的玫瑰花瓣；她的珠寶如秋天豐碩的果實，有著令人眼花撩亂的深紅、紫色和金色；她的長袍如冬雪一樣潔白、柔軟；她的嗓音猶如輕柔的微風、婉轉的鳥鳴和潺潺的溪流。

　　由於德伊阿妮拉的美麗和比美麗更珍貴的魅力，世界各地的王子紛紛前來，請求她的父親俄紐斯（Aeneus）同意將她嫁給他們做王后。對於所有的請求，俄紐斯的回答非常一致，只有最強壯的人才能配得上公主。

　　於是，這些彼此不熟悉的王子們在競賽和摔跤中接受了重重考驗，以證明自己的才智和力量。但他們一個接一個落敗，只剩下兩個人堅持到了最後。一個是海克力斯，他的力量足以扛起頭頂的天空。另外一個是河神阿刻羅俄斯

Chapter 17　裝滿祝福的豐收號角

（Achelous），他引導著溪流在田間蜿蜒，讓土地變得肥沃。他們每個人都認為自己要比對方更強大，更有資格迎娶公主。

海克力斯有著龐大的身軀和驚人的力量。他那粗濃但略顯雜亂的眉毛之下，是猶如火球一樣的眼睛。他身披一張獅子皮，用一棵小樹做魔杖。但是聰明的阿刻羅俄斯會在海克力斯的巨大手指之間閃轉騰挪。他如柳樹一樣苗條而且優雅，衣服也是用綠葉製作的。他的金色頭髮上戴著用睡蓮製成的冠冕，手裡拿著一根使用蘆葦編織而成的魔杖。阿刻羅俄斯說話時，聲音就如同溪水流淌一般悅耳。

「德伊阿妮拉公主是屬於我的。」阿刻羅俄斯說道，「我會讓她成為河流王國的王后，河流的樂章每天會縈繞在她耳旁。而我所到之處會帶來豐收，這也會讓她變得富有。」

「閉嘴！」海克力斯高喊道，「我是地上的力量之王。德伊阿妮拉公主是我的，你不配擁有她。」

聽到這些話，河神非常生氣。他身上的綠色長袍變成了黑色，如同暴風雨下的海洋一般。他的聲音也變得像山洪一樣響亮。在被激怒時，阿刻羅俄斯就會變得幾乎和海克力斯一樣威武。

「你哪來的膽量覬覦這個高貴的少女？」他咆哮道，「你身上流淌著凡人的血，而我是神，是江河的主宰！我到過的任何地方都會迎來穀物和水果的豐收、花蕾的萌發和花朵的

綻放。我將獲得德伊阿妮拉公主，這是天經地義的！」

海克力斯皺著眉頭逼近河神。

「你只會誇誇其談而已，我的手臂裡面滿是力量。」他輕蔑地說，「要想贏得德伊阿妮拉，那我們就來一場肉搏戰。」

於是，河神脫掉了他的衣服，海克力斯也將獅子皮毛扔到一旁。兩人開始了爭奪公主的殊死搏鬥。

那是一場屬於勇敢者的戰鬥。他們誰也沒有屈服，而是堅守陣地。海克力斯屢次嘗試用強而有力的手掌抓住阿刻羅俄斯，都被他靈活地躲開了。但英雄的力量實在是過於強大，過於依賴敏捷的河神最終節節敗退。海克力斯迅速抓住河神的脖子，讓他喘不過氣來。

隨後，阿刻羅俄斯使出障眼法。他將自己變成一條長長的、黏糊糊的毒蛇，從海克力斯的手中溜走。隨後，他對著海克力斯吐出分叉的舌頭，並露出了尖牙。但是海克力斯並未放鬆警惕，輕蔑地對毒舌冷笑了幾聲，再次抓住牠的脖子，準備將牠扼殺。

阿刻羅俄斯再次掙扎，卻沒有成功逃脫。他不得不再次施展魔法，一瞬間從毒蛇變成了兇猛並且咆哮著的公牛。公牛低頭用牛角抵住海克力斯，但是英雄依然沒有屈服。他一把抓住牛角，將牠的頭扳向一旁，然後抱住牠粗壯的脖子，反身將牠摔倒在地，公牛的牛角深深地陷在地面之中。隨

Chapter 17　裝滿祝福的豐收號角

後，海克力斯用他強壯如鐵鉗的手將一隻牛角掰下，高舉著牠大喊道：「我贏了！德伊阿妮拉公主是我的了！」

阿刻羅俄斯被打回原形。他痛苦地呼喊著，從決鬥的城堡中跑出，一直到跳入冰冷的溪水中才停下來。海克力斯的勝利是光明正大的，因為他憑藉的是手臂的力量，而不是陰謀詭計。

德伊阿妮拉公主和穀神刻瑞斯來到海克力斯的身旁，準備給勝利者以應得的獎賞。

裝滿了諸神對海克力斯與德伊阿妮拉的祝福的豐收號角

刻瑞斯拿起海克力斯從阿刻羅俄斯頭上取下的牛角，將裡面裝上當年所收穫的寶藏——成熟的穀物、紫色的葡萄、玫瑰色的蘋果、李子、堅果、石榴、橄欖和無花果，直到它盛不下了為止。森林女神和水中女神們也趕了過來，她們使用藤蔓纏繞牛角，並使用深紅色的葉子和當年最美麗的鮮花裝點它。隨後，她們將這第一隻豐收號角高舉過頭頂，獻給

海克力斯和美麗的德伊阿妮拉作為結婚禮物。這是眾神能夠製作的最豐盛的禮物，裡面裝滿了當年的收穫。

　　從古老的希臘神話時代開始，豐收號角就一直代表著對人們年年有餘的祝福。

Chapter 17　裝滿祝福的豐收號角

Chapter 18
青蛙們錯失的神蹟

　　拉托娜（Latona）生了一對非常漂亮的雙胞胎嬰兒，眾神的王后朱諾對此嫉妒不已。或許朱諾擁有未卜先知的能力，預料到拉托娜的孩子長大之後，將會取代她和朱比特在奧林帕斯山眾神中的地位。

　　這對雙胞胎到底是何方神聖？這個問題的答案將在故事的結尾揭曉。

　　只要是心中所想，朱諾幾乎都有能力去實現，不管是善還是惡。於是，朱諾下令讓這個母親永遠沒有固定的居所養育她的孩子。如果有哪位熱情好客的農民在他的屋舍內為這對雙胞胎提供庇護和搖籃，那麼乾旱會立刻席捲他的土地，讓他的作物顆粒無收；或者他的果樹會遭受冰雹的襲擊，讓他的家庭沒有食物果腹。如果拉托娜在葡萄園面前停下來，將孩子放在藤架下的陰涼中，自己去幫助他們摘葡萄，那麼可能會瞬間颳起大風，將整個葡萄園掀翻，所有人只能四散逃命。

Chapter 18　青蛙們錯失的神蹟

　　於是，拉托娜只好帶著年幼的孩子顛沛流離。她用斗篷將孩子包裹起來，盡量讓他們免受風吹雨打。曾經，她希望她的幼子和幼女長大後能成為儒雅的紳士和高貴的婦人，但是現在連她自己都筋疲力盡，看不到希望。

　　一天，在炎夏熱浪的裹挾下，拉托娜來到了希臘的呂基亞。她看起來似乎連一步都挪不動了——嬰兒的重量壓得她喘不過氣，而且她有很長時間沒有喝過一滴水了。就在此時，她發現山谷的空地中有一片清澈的池塘。呂基亞的一些村民正在池邊採集蘆葦和細柳條，那是他們用於編織水果籃的材料。拉托娜拼盡最後一絲力量，拖著疲憊的身體來到池塘邊。她跪在岸邊飲水，並用手舀了一些水為嬰兒的頭部降溫。

　　「走開！」村民命令道，「妳沒有資格觸碰我們的水！」

　　「我只想喝點水，善良的朋友們。」拉托娜向他們解釋道，「我認為每個人都有資格喝水。我的嘴乾得幾乎說不出話了，能喝一點水對我來說猶如蜂蜜一樣甘甜。眾神將陽光、空氣和溪流作為共同財產賦予我們，現在我只是想喝一點水，讓自己恢復精神，又不是想霸佔著池塘沐浴。大家看一看吧，我的孩子也正向你們伸出雙臂，請求你們發發慈悲。」

　　事實的確如此。拉托娜的孩子們懇切地伸出雙臂，但是那些鄉下人視若無睹。不但如此，他們走進池塘，用腳將水

攪得渾濁不堪，再也不適合飲用。他們一邊這樣做，一邊嘲笑拉托娜的狼狽和窘迫。

身為一名母親，拉托娜已經隱忍很久了，但是她覺得這種不友善是忍無可忍的。於是，她高舉雙手朝著眾神的居所，請求他們的幫助。

「讓那些不願對神的後代伸出援手的鄉下人受到懲罰吧！」拉托娜懇求道，「讓他們永遠無法離開這片被玷汙了的清澈池塘！」

眾神（可能也包括朱諾）聽到了拉托娜的懇求。然後，可能是所有神話故事中最為離奇的一樁事件發生了。

那些村民試圖走出池塘，繼續進行編織籃子的工作。但他們發現自己的腳突然變得扁平，失去了原來的形狀，並且陷入淤泥中無法拔出。他們大聲呼喊著尋求幫助，但他們的聲音變得刺耳，喉嚨也變得臃腫，嘴巴向前突出，已經無法說出人類的語言。他們的脖子消失不見，腦袋和後背緊緊連在一起，上面還頂著突出的大眼睛。他們的身體由厚厚的綠色皮膚包裹著，再也無法直立起來。

正如拉托娜所請求的那樣，這些粗野且冷漠的醜陋村民再也沒有離開過他們所踐踏過的泥濘水塘。眾神已經將他們變成了世界上最早的青蛙。

「對於嘲笑陌生人這種輕微的冒犯，這樣的懲罰的確是可

Chapter 18　青蛙們錯失的神蹟

怕的。」在接下來的季節裡，每當呂基亞的居民來到池塘和河流旁邊，聽到青蛙那無休止的沙啞呱叫聲時，就會這樣對彼此說道。河神佩紐斯（Peneus）和他的女兒達芙妮（Daphne）也瞭解了這些青蛙的來歷。達芙妮最喜歡沿著一些溪流飛行，她那猶如精靈一般的腳在空中舞蹈，柔軟的綠色衣服在她身旁飛揚。每當此時，她都覺得沒有什麼比這更快樂的了。

與其說達芙妮是一個女孩，倒不如說她是樹林中的精靈。與待在宮殿屋頂下相比，她更情願生活在樹葉的陰影下。她喜歡追隨著鹿的蹤跡，而不喜歡和村子裡與她年齡相仿的男孩女孩打交道。她的美麗是全希臘哪怕最美麗的女孩都無法企及的。她的長髮如輕紗一樣披在肩上，眼睛如星星一樣溫柔和善良，她的體態優雅，就如同稀有的精緻花瓶。

當時，人們曾看見有一位奇怪的年輕人出沒於森林和屬於河神的領地河堤中。他和達芙妮一樣白皙和優雅，但是也有著一些不尋常之處。白天他走過的地方，路上似乎灑下更多的金色陽光。如果他駐足和牧羊人攀談，就沒有狼膽敢襲擊羊群，連山中的獅子也敬而遠之。他親手為自己製作了一把七弦豎琴，琴弦所發出的美妙音符是希臘人從未聽過的。他撥動琴弦，彈奏出一支樂曲，這支樂曲描繪的是他邂逅林中仙女達芙妮時牧場和樹林的情景。

年輕人之前就見過達芙妮。她沿著河流和小溪的堤岸輕

盈地跑過，就如同被風吹動的綠色枝條。他覺得自己這輩子都沒見過如此美麗的生靈。但是每當達芙妮無意間瞥見這個強壯的年輕人時，都會驚恐萬分，然後馬上躲開。儘管如此，年輕人依然下定決心追上達芙妮，去一睹芳容。他放下了自己的豎琴，開始追著達芙妮跑。然而，達芙妮似乎是有意要避開他，跑得甚至比風還快。

「請停下來，河神佩紐斯的女兒。」他高聲喊道，「請不要逃，就像是鴿子見了老鷹一樣。我不是一個粗野的農夫，而是一個神。我知曉所有的事物，不管是現在還是未來。我是因為愛慕妳才追趕妳，我也很擔心妳會被石頭絆倒而摔傷，那樣我是不會原諒自己的。所以請妳跑慢一些，我也追慢一些。」

但是達芙妮對他的話充耳不聞，依舊加速奔跑。在跑動中，風吹動著她綠色的衣服，秀髮鬆散地在她身後飛舞。最後，就像是迅速的獵犬追趕野兔一樣，年輕人的速度更快一些，成功抓住了她。他大口喘著氣，達芙妮的脖子能感受到他氣息的溫度。她是如此驚恐，以至於不敢停下來。否則，她就會瞭解到年輕人的良苦用心和他的友善。

最後，她來到了小溪邊。

她的一側是呱呱叫的青蛙和蘆葦，在遠處是更深的水域，另一側則是她的追求者。達芙妮呼叫她的父親河神。

Chapter 18　青蛙們錯失的神蹟

「幫幫我，父親！將土地打開，讓我進去。我不想看到任何東西，也不想聽到任何聲音！」

但是這位司掌光明和音樂的神認為達芙妮最好不要這樣做。他觸碰了一下達芙妮的身體，達芙妮的身體隨之變得僵硬，雙腳牢牢地嵌在了堤岸上。接著，她的身體被柔軟的樹皮包裹起來，頭髮變成了樹葉，修長的手臂變成了樹枝，臉變成了樹冠的形狀。達芙妮所變成的這棵樹是之前從未在地面上出現過的綠色月桂樹。

年輕的神端詳著這棵樹，對自己親手改造的林中仙女感到滿意。這棵樹永遠不會褪色，而且綠色的樹冠會一直向著天空的方向生長，感受他灑下的萬丈光芒。當微風拂過月桂樹的樹葉時，它們會發出如他的七弦豎琴一樣美妙的音樂。

「看看我為自己心愛之人達芙妮帶來什麼樣的美麗！」他高聲喊道。森林中走出一位勇敢的年輕女獵手，身旁帶著一頭非常勇敢的鹿。這是年輕人的妹妹黛安娜。她將箭袋掛在月桂樹上，將鹿領到樹幹下休息。

「這是屬於我的樹。」年輕人一邊說一邊將手放在月桂樹上，「我將用它編織王冠，當偉大的羅馬征服者取得勝利並帶領部隊回到都城時，我將用這棵月桂樹編織的花環犒賞他們。我代表永恆的青春，因此月桂樹應該是長青的，它的葉子永遠不會枯萎。」

黛安娜來到月桂樹下

　　太陽開始落到山的那一邊，看著光線一點點消退，年輕人陷入驚恐之中。在白天，他可以為月桂樹帶來光明，但是到了晚上，他沒有能力守護它的安全。就在此時，一個銀色的光球從玫瑰色的天空中冉冉升起，並且投下白色的光束照亮了昏暗。

　　「黛安娜，快看，傍晚的天空中多了一盞燈！」年輕人驚呼道。但他的妹妹已經悄然離開了，女獵手黛安娜變成了月亮女神黛安娜。她將光芒灑落在她的哥哥 —— 太陽之神阿波羅所鍾愛的月桂樹上。

Chapter 18　青蛙們錯失的神蹟

　　河邊的青蛙依然在聒噪地叫著,但是他們無法理解身邊發生的神蹟。當他們還是愚鈍的村民時,同樣錯失了另外一個神蹟。現實生活中不乏和他們一樣的人,看到衣衫襤褸、筋疲力盡的陌生人和她懷中同樣疲憊不堪的嬰兒時,他們不屑於伸出援手。但是誰又能知道,那兩個嬰兒是太陽之神阿波羅和月亮女神黛安娜呢?

Chapter 19
法厄同與太陽神的戰車

「別吹牛了,法厄同(Phaeton),我永遠也不可能相信你的父親是光明之神阿波羅。」法厄同剛驕傲地宣佈完這一消息,他的同學庫克諾斯(Cycnus)便反駁道。

「這是千真萬確的。」法厄同回答道,「你之所以不相信,是因為我獨自一人在希臘,被一位森林女神照顧,並像所有希臘男孩一樣學習功課。不過,我會證明給你看的。我會回到眾神之地,回到我的父親身邊。」

對於這個從未離開過家鄉的年輕人而言,這的確是一個大膽的計畫。法厄同決定首先前往印度,因為在他看來,那是照亮希臘的太陽昇起的地方。他確信會在太陽宮找到阿波羅,所以他沒有停下腳步,直到經過崇山峻嶺,攀上陡峭的雲層到達更高的位置。在那裡,法厄同不得不停下腳步,用雙手遮住眼睛,以擋住那些令他炫目的光芒。閃亮的柱子在空中高聳,太陽宮殿就佇立在他面前。

Chapter 19　法厄同與太陽神的戰車

　　宮殿鑲嵌著閃閃發光的黃金和寶石，法厄同穿過厚重的銀色大門進入宮殿。他曾聽人說過，設計阿波羅宮殿的兀兒肯努斯有著精湛的工藝，但是當他站在正殿拋光的象牙天花板下面時，發現其中的美妙超乎他的想像。

　　阿波羅身穿皇室的紫色長袍，端坐在王座之上。他的王座閃閃發光，彷彿是用一整塊巨大鑽石切割而成的。侍從們站在他的周圍，他們的任務是輔佐阿波羅將凡間打造成適合人類居住的幸福、富饒之地。阿波羅的左右兩側分別站著時間之神和季節之神。其中，時間之神包括日神、月神、年神和以固定間隔列隊的時神。四個季節神中，春神頭戴鮮花編成的花環；夏神頭戴由成熟的穀穗編成的花環；秋神站在阿波羅的身旁，腳上沾著葡萄汁；冬神的頭髮染上了風霜，因此顯得僵硬。對於阿波羅而言，整個世界是沒有祕密的，因此法厄同一進入大殿，阿波羅就注意到了他。

　　「你來這裡幹什麼，你這個魯莽的傢伙！」他嚴厲地問道。

　　法厄同走上前，跪倒在王座腳下。

　　「哦，我的父親，廣闊世界的光明之神！」他說道，「我想讓別人知道我是您的兒子。請為我作證，這樣我就可以向凡人和眾神展示我不是凡人的身分，並且因您在奧林帕斯山上獲得一席之地！」

聽到年輕人的請求，阿波羅十分高興。他摘下頭戴的閃著明亮光束的冠冕，將它放到一旁，然後張開雙臂擁抱了法厄同。

「我的兒子，你的地位不應該被剝奪。」他回答道，「為了讓你不再心存疑惑，有什麼要求儘管提，想要什麼禮物我都可以給你。」

這真是太棒了！法厄同連做夢也沒想到能得到如此慷慨的恩賜。但是和當今世界很多男孩一樣，法厄同雄心勃勃並有些肆無忌憚，自認為可以順其自然地繼承父親的工作，殊不知父親獲得的成功需要大量的技能和經驗。他很快就想到了自己最想要的東西。

「父親，我能不能開一開您的戰車？就一天。」法厄同懇求道。

阿波羅有些吃驚，但還是拒絕了。

「坦白地說，」他說道，「我必須拒絕你這個要求。這是危險的冒險，或者說你的年紀和力量並不適合，法厄同。你的手臂和凡人沒有差異，但是駕馭戰車需要超越凡人的力量。你所希望的是甚至神都無法完成的事情。除了我，沒有人可以駕馭這輛熊熊燃燒的太陽戰車，甚至是可以用右臂發出可怕霹靂和閃電的朱比特也不行。」

「為什麼會這麼困難？」法厄同問道，依然心有不甘。

Chapter 19　法厄同與太陽神的戰車

　　阿波羅非常耐心地向他解釋。

　　「穿過天空中的戰車路線並非易事。」阿波羅說道,「道路的起點非常陡峭,以至於即使是早晨徹底恢復精力的馬匹也得費力爬上去。道路的中段高懸在天上,非常狹窄,連我看到地面和河流時都會感到眩暈。道路的最後一段急速下降,最需要駕駛技巧。除了常規駕駛,還要面對繁星閃爍的旋轉天空。我必須隨時保持警惕,以免被這些橫衝直撞的星星追趕或擠出路線。你說,如果我把戰車借給你,你一個小孩能駕馭得了嗎？宇宙中所有的星球都繞著你轉,你能保證不偏離方向嗎？」

　　「我相信我能做到,父親。」法厄同大膽地回答道,「您說的話並不能讓我退縮。我有強壯的手臂和高度的警覺,可以勝任駕駛。除此之外沒有其他危險了,是嗎？」

　　「還有更危險的呢！」阿波羅回答道,「你想到過會穿過涼爽的森林和白色城市、眾神的住所、宮殿和寺廟嗎？這條路上還有很多可怕的怪物：弓箭手會攻擊你,獅子的血盆大口會吞噬你,蠍子會向你伸出觸手,巨大的螃蟹會用可怕的蟹鉗攻擊你。此外,你會發現管理馬匹也不是一件容易的事,牠們的胸膛充滿了熊熊燃燒的火,並透過鼻孔噴出火焰。當牠們不受控制的時候,連我都很難控制住韁繩。」

　　「在雅典的一場比賽中,我曾經駕駛過戰車。」法厄同吹

嘘道,「當野獸靠近競技場時,我的駿馬同樣是幾乎不受控制的。」

阿波羅最後一次試圖說服兒子。

「別去想穿越宇宙的事情了,我的兒子。」他鄭重地說道,「你可以選擇陸地或海上最珍貴的東西。我會證明你是我的兒子,但請收回你的魯莽請求。」

「我只有一個願望,那就是駕駛太陽戰車。」法厄同倔強地回答道。

阿波羅別無他選,因為神永遠不會違背自己的承諾。他不發一言,將法厄同帶到了他豪華的馬廄前,那裡停放著他那架氣勢恢宏的戰車。

戰車是兀兒肯努斯送給阿波羅的禮物,使用黃金打造。不僅是車軸,連車轅和車輪也都是黃金製成的。輪輻則採用最閃亮的白銀。座位上鑲嵌著一排排的金碧璽和鑽石,反射著太陽的耀眼光芒。阿波羅下令時神們為馬匹套上挽具。他們將飽食神仙佳餚的馬匹從馬廄中牽出來,套上了韁繩。法厄同豪情滿懷地放眼望去,黎明之神已經打開了東方的玫瑰色大門,在他的面前鋪就一條玫瑰色的大道。他坐在戰車上,挽起了韁繩。

Chapter 19　法厄同與太陽神的戰車

阿波羅的戰車

阿波羅將強效油膏塗抹在兒子臉上，使他能夠承受太陽的炙烤，然後將陽光投射到他的頭頂，悲傷地說道：

「千萬不要莽撞行事，務必將韁繩抓得比以往都緊，也不要輕易揮鞭子。這些駿馬本身跑得就很快，最大的困難是去駕馭牠們。不要往前直走，你應該向左轉。你會看到我之前的車轍，它們將引導你前進。一定要保持最恰當的中間高度，不能跑得太高，否則你會把天上的眾神居所點燃；也不能跑得太低，否則你會燒到大地。黑夜之神剛剛從西門離開，所以你不能再拖延了。啟動戰車吧，希望一切如你的計畫。」

法厄同站在金光閃閃的戰車上，抬起韁繩，戰車如離弦之箭一樣飛奔出去。

一瞬間，那些喘著粗氣的暴烈駿馬發現戰車比以往都

輕，於是牠們嘶鳴著衝出雲層。雖然法厄同坐在戰車上，但是駿馬幾乎感受不到他的重量。戰車像海面上一艘沒有壓載物的船一樣被拋起來。駿馬們跨越了天空的邊界，面前是一望無垠的宇宙平原。牠們拉著戰車偏離了阿波羅的既定路線，法厄同卻對此無能為力。他低頭看著腳下的土地，面如死灰，膝蓋驚恐地顫抖著。於是，他將目光轉向面前沒有任何道路的天空，卻更加驚恐地發現自己好像正處於風暴的中心，周圍都是巨大怪物：弓箭手、大熊、獅子和螃蟹等。阿波羅警告過的所有怪物都出現了，當然還有他沒有提到的那些。

法厄同真希望自己從未離開過地面，也沒有向父親提出如此大膽的要求。他六神無主，不知道是該拉緊韁繩還是稍微鬆一鬆，甚至忘記了這些駿馬的名字。最後，他看到一隻巨大的蠍子，高舉著兩個鉗子，露出散發著臭氣的毒牙，攔住了他的去路。法厄同感到深深的絕望，手中的韁繩滑落下來。駿馬感覺到韁繩的鬆動，就一頭紮進了未知的宇宙深處，現在牠們依然高懸在星空之中。隨後，戰車被直接拋向地面。

山頂燃起了熊熊烈火，雲層也冒出了黑煙。樹木茂盛的枝條被燒毀，莊稼被付之一炬，土地也因為熱浪的炙烤而乾裂。整個世界陷入一片火海之中，偉大城市的美麗建築和高牆也轟然坍塌，很多國家的人民都被燒成了灰燼。尼羅河也

Chapter 19　法厄同與太陽神的戰車

逃離了原來的位置,將源頭隱匿於沙漠之中。據說,至今人們也找不到它的源頭。乾旱導致海面急遽下降,原來是一片汪洋的地方變成了乾燥的平原,原來被海水淹沒的山脈成了一座座島嶼。即便是海神涅普頓準備浮出水面的時候,也被灼人的熱浪趕了回去。大地女神抬頭望向奧林帕斯山,呼喚朱比特的幫助。

眾神決定採取行動。朱比特登上他存放閃電球的高塔,並召集雨雲籠罩在地面上。隨後,他往四周投擲下閃電球,並用右手瞄準法厄同發出一道閃電。閃電擊中法厄同,他應聲跌落戰車,在空中向下墜落。他拖著一道火光,如同一顆流星,墜落到地面上一條最大的河流中。河水沒能熄滅法厄同身上的火焰,他再也沒有機會看到太陽宮殿了。他的魯莽並沒有為自己帶來榮耀,反而讓他走向了毀滅。

法厄同的朋友庫克諾斯站在河邊,為他深深地哀悼。庫克諾斯甚至還潛入水底,希望能把他帶回地面。但是這個舉動激怒了眾神,他們將庫克諾斯變成了一隻不停游泳的天鵝。牠的頭始終垂向水面,似乎依然在尋找從空中墜落的駕車者。

眾神將庫克諾斯變成了一隻不停游泳的天鵝，
牠的頭始終垂向水面，
似乎依然在尋找從空中墜落的駕車者

　　海中的貝殼也開始講述法厄同的故事。如果你將它放在耳邊，會聽到它哼唱的太陽宮殿失去一位年輕人的輓歌。這個年輕人駕駛著光之戰車走向了滅亡，只因他過於自負，而沒有顧及他人。

Chapter 19　法厄同與太陽神的戰車

Chapter 20
音樂牧人阿波羅

阿波羅徹底激怒了父親朱比特。因為作為光明之神的他，已經和朱比特的意志背道而馳。

只要是認為應該受到懲罰，朱比特就會使用雷電球進行攻擊，這是他的特權。為此，他讓獨眼巨人庫克洛普斯們夜以繼日地在群山深處鍛造，以確保源源不斷地供應雷電球給他。一天，朱比特發出的霹靂擊中了希臘人艾斯庫拉皮斯（Aesculapius），一位幾乎可以用草藥治癒凡人任何疾病的神醫。艾斯庫拉皮斯精湛的醫術為人們帶來了如此多的快樂和希望，因此阿波羅認他為養父，並悉心照料他。阿波羅為朱比特帶給艾斯庫拉皮斯的傷害而憤憤不平，並且做出了在凡人看來非正常的報復行動。他將怒火發洩在了最薄弱的地方，將箭對準了無辜的獨眼巨人們，並射傷了好幾個人。

朱比特不允許有人以這種方式挑釁自己的權威，他必須要懲罰阿波羅。因此，他將阿波羅下放到凡間，作為牧人，為色薩利國王阿德墨托斯（Admetus）提供服務。

Chapter 20　音樂牧人阿波羅

　　讓一位神穿著牧牛人的黑色斗篷在色薩利郊外的草地上放牧牛群，本身就是一件顏面掃地的事情，尤其是阿波羅這種曾經生活在太陽宮殿中的神。阿波羅纖細的雙手實在不適合做耕種、播種和收割這樣的粗活，何況又是如此卑微的工作。但是他非常細心地照料這些牛，並從中找到了樂趣。在放鬆的時候，他無意中發現了一隻空龜殼，於是找來一些線當作弦，將它改造成一把樂器。然後，他用修長的指尖撥動琴弦，彈奏出美妙的樂曲。這是有史以來的第一把詩琴，阿波羅每天都要彈奏它。聽到這些樂曲，阿德墨托斯國王專門走出宮殿，來到長滿苔蘚的岸邊，坐在阿波羅身旁聽他彈奏。但是，阿德墨托斯國王看起來非常陰鬱，哪怕是最為甜蜜的音符，也無法讓他振奮起來，甚至無法讓他不再悲傷。

　　「是什麼讓您如此憂傷，我的國王？」阿波羅終於開口問道。

　　「我仰慕鄰國公主阿爾克斯提斯（Alcestis）很久了，我希望她能夠成為我的王后。」阿德墨托斯國王解釋道，「但她提出了一個古怪的要求。她要求追求者帶著獅子和熊拉的戰車出現在她面前，這樣她才會跟著他回家。阿爾克斯提斯不會以任何其他方式跟我走，而我根本無法駕馭野獸去拉動戰車。」

　　阿波羅不禁對這位任性公主的異想天開感到好笑。無論走到哪裡，他都希望帶給別人幸福，因此他決定滿足公主的

要求。他帶著他的詩琴來到牧場和森林的交界處，並在那裡彈奏了一支足以馴服任何野獸的優美樂曲。隨後，兩隻獅子和兩隻熊走出森林，而且像綿羊一樣溫順。國王將牠們套在一輛鍍金的戰車上，興高采烈地駛向阿爾克斯提斯所在的地方。看到兩人攜手而歸，阿爾克斯提斯被加冕為色薩利女王，阿波羅感到由衷的高興。

眼看阿德墨托斯即將迎來王國的太平盛世，但就在迎娶王后之後不久，他便患上了一場致命的瘟疫。醫生艾斯庫拉皮斯對國王的病也愛莫能助，似乎國王已經無力回天。但是他的牧人，來自神界的阿波羅再次伸出了援手。阿波羅無法徹底清除瘟疫，但是他下令國王必須要活下來，前提是有人願意全心全意地照顧他，並代替他去死。

阿德墨托斯喜出望外。他記得那些朝臣在自己面前做出過誓死效忠他並願意為他犧牲的誓言，認為馬上就會有人挺身而出，願意為他們的國王犧牲自己的生命。但是沒有一個人站出來。那些最勇敢的戰士雖然願意在戰場上為國王獻出生命，但實在沒有勇氣替病床上的國王去死；那些從年少時就開始接受國王和他父親慷慨恩賜的老臣們，也不願意因此而放棄餘生的榮華富貴。他們每個人都希望別人做出犧牲。

「為什麼阿德墨托斯的父母不肯為自己的兒子獻出生命？」有人問道。但是，兩位老人覺得他們不能忍受骨肉分離之苦，即便是很短的時間。所以，他們也希望讓別人代勞。

Chapter 20　音樂牧人阿波羅

　　這該怎麼辦呢？對於阿波羅而言，命令一旦下達，就是不可撤銷的，他和命運之神好說歹說，才爭取到這個機會。除了這種犧牲，阿德墨托斯別無他選。

　　隨後發生了一件非常神奇的事情。曾經的鄰國公主阿爾克斯提斯，雖然之前有過乘坐獅子和熊拉的戰車這種幼稚想法，但在成為色薩利王后之後變得聰明仁愛，從來沒有人想到她可以在眾神面前為國王做出犧牲，但是王后毅然決然。隨著她的病倒，國王恢復了以往的健康和活力。

　　在色薩利所有為阿爾克斯提斯的病倒感到悲傷的人群中，最難過的莫過於阿波羅。阿爾克斯提斯以前經常來到他放牧牛群的草地，坐在岸邊聽他用詩琴彈奏美妙的樂曲。她總是帶著由野花編織的花環，她覺得那比王冠更加舒服。這一次，阿波羅也束手無策。他被驅除出眾神的議事會已經有一段時間了，無法召喚醫神艾斯庫拉皮斯來幫助他。

　　他知道只有足夠強大的力量才能讓阿爾克斯提斯從昏迷中甦醒，而不是像現在一樣，既不能動也不會說話，而且原本紅潤的臉色變得蒼白。他知道海克力斯是所有英雄中最強大的，並且他已經完成了別人認為根本不可能的壯舉。阿波羅在想，海克力斯是否同意挽救阿爾克斯提斯，特別是他現在只是一個地位低下的牧人的情況下。

　　然而，海克力斯答應了阿波羅的請求。他扼守住宮殿的

大門，在死神打算闖進去取走阿爾克斯提斯性命時，海克力斯與他展開了角鬥，並將他掀翻在地。阿爾克斯提斯從虛弱中恢復過來，臉頰恢復了昔日的紅潤。由於海克力斯在關鍵時刻出手幫助，阿爾克斯提斯和阿德墨托斯都死裡逃生。

因此，對於很多人來說，終有否極泰來的那一天。在被放逐凡間的期限結束後，阿波羅回到了奧林帕斯山。他悠揚的詩琴聲讓繆斯女神們大加讚賞。阿波羅甚至請求父親朱比特對艾斯庫拉皮斯格外開恩，在通往天空的星光大道上，讓醫神也有了一席之地。

Chapter 20　音樂牧人阿波羅

Chapter 21
神最好的安排

很久以前的希臘神話時代,在一個炎炎夏日,佛里幾亞(Phrygia)小鎮上的每一戶居民都聽到了一陣敲門聲。每個人在開門時都會看見兩名疲憊不堪的陌生旅人,他們希望得到一些食物,並且想要留宿一晚。

無論多麼卑微,每個人都應對陌生人伸出援手,這是人們從神廟中獲得的基本教義。佛里幾亞人卻熱衷於自己享樂而對別人漠不關心,他們早就將好客之道拋在腦後。至於他們的神廟,也早已破敗不堪。

所以,所有人都用同樣的藉口打發走了這對陌生人。「滾開!我們的食物只夠自己吃,除了我們自己家人,也沒有任何房子可以住人了。」

下午過去了,天馬上就要變黑了。兩個陌生人疲憊不堪又飢腸轆轆。他們爬上村子邊上的一座小山,發現樹林中有一座小屋。這是一個非常破敗的小稻草屋,幾乎剛好容納下兩位年邁的農民 —— 費萊蒙(Philemon)和他的妻子鮑西絲

Chapter 21　神最好的安排

（Baucis）。陌生人敲了敲門，門應聲而開。

「我們來自一個遙遠的國度。」看起來較為年長的陌生人解釋道。

「從昨天開始，我們就沒有碰過食物。」那個可能是兒子的年輕人補充道。

「你們可以將就著吃一些。」費萊蒙說道，「我們和屋簷上的鳥兒一樣貧窮，但是我的老伴鮑西絲可以準備一點吃的東西。如果你們餓了，或許可以緩解一下。」

兩位客人跨過破爛的門檻，低頭避開低矮的門楣進入屋子。鮑西絲請他們坐下，並讓他們別客氣。

天氣很冷，老婦人從煤灰中揀出沒有燒盡的炭，用樹葉和乾燥的樹皮蓋住，用她微弱的氣息吹燃了火焰。隨後，她從一個角落裡拿出仔細保管的小棍棒和乾樹枝，將它們放在水壺下的爐火中。接著，她在桌子上鋪了一塊白布。

當鮑西絲做這些準備工作時，費萊蒙到他們的小花園中採集了最後一罐野菜。鮑西絲將野菜放在水壺中煮沸，費萊蒙從最後一片培根中切下一小塊放進野菜中調味。櫸木盆中裝滿了讓陌生人洗臉提神的溫水。最後，鮑西絲顫抖著把菜端到桌上。

客人們坐在小屋中唯一的長凳上，鮑西絲還細心地在凳子上放了一個墊子，並在墊子上鋪了一塊古老而粗糙，只有

在重大場合使用的繡花布。桌子的一條腿比其他的要短，但是費萊蒙用一塊扁平的石頭將它墊平了。鮑西絲又用散發著甜味的野菜將整張桌子擦拭了一遍，然後才將食物端到陌生人面前——煮熟的美味野菜、米娜瓦野生叢林中的橄欖、一些用醋醃製的甜漿果、起司、蘿蔔和在煤灰中烤熟的雞蛋。這些食物被盛放在陶土製成的盤子中，客人旁邊還擺著一個陶罐和兩個木杯。

或許沒有比這更讓人有食慾的晚餐了，兩位老農的熱情招呼讓它看起來更加美味。客人們早已飢腸轆轆，馬上狼吞虎嚥起來。他們將所有的菜都吃光之後，鮑西絲端來一碗粉紅色蘋果和一巢野生蜂蜜作為甜點。她注意到兩位客人似乎非常喜歡他們的牛奶，但是心中不由得擔心起來。牛奶桶裡本來就快見底了，兩位客人卻一次次將杯中的牛奶喝光，使她不得不一次又一次為他們斟滿。

「他們喝完肯定還會再要的，」鮑西絲心想，「但牛奶已經一滴不剩了。」

她的視線越過較為年長的陌生人，掃了一眼牛奶桶，結果驚訝地發現它裝滿了牛奶！年長者為同伴倒了一杯，在把牛奶桶放下時，它又自動變滿。鮑西絲知道奇蹟發生了。突然，兩位陌生人站起來，瞬間褪去了偽裝的年齡和風塵僕僕的行頭。他們是眾神之神朱比特和他那長著翅膀的兒子墨丘利！

Chapter 21　神最好的安排

　　在認出這兩位來自天上的客人之後，鮑西絲和費萊蒙誠惶誠恐，拜倒在兩位神的腳下。他們將顫抖的雙手合在一起，乞求神原諒自己的怠慢。

　　他們養了一隻老態龍鍾的鵝，用來守護小屋，但是現在，夫婦二人覺得有必要殺了牠作為獻給朱比特和墨丘利的祭品。然而，大鵝機警地跑開了，並向兩位神尋求保護。

　　「不要殺牠，」朱比特下令道，「你們的熱情好客無可挑剔，這個冷漠的村莊將會因人們的狂妄而受到懲罰，但是你們會毫髮無傷。快來看看下面的山谷發生了什麼。」

　　鮑西絲和費萊蒙走出小屋，與神一起沿著山坡往下走了一段路。在夕陽的最後一抹光影之中，他們看到下面的村民咎由自取的後果。村莊已經完全消失，整片山谷變成了一片藍色的琥珀，周圍是荒涼的沼澤。沼澤中有許多水塘，一些沼澤中生活的鳥類尖叫著從上面掠過。

　　「所有的房屋都沒了，除了我們的！」費萊蒙倒吸了一口涼氣。

　　隨後，他們轉過身去，看到自己的小屋也消失了。不過它並沒有被摧毀，而是煥然一新。莊嚴的大理石柱取代了木柱，簡陋的茅草屋頂也變成了金色的屋頂。屋子鋪著嵌花的馬賽克地板，裝有寬大的白銀門，上面有黃金裝飾和雕刻。他們原本勉強容納兩人的小屋，現在的高度和規模已經接近

一座神廟，鍍金的尖頂直衝雲霄。鮑西絲和費萊蒙因充滿敬畏而說不出話來，這時朱比特開口了。

「你們還想要什麼樣的來自神的禮物，善良的人們？無論你們想要什麼都值得被滿足。」

兩位老人商量了一會兒，費萊蒙向朱比特提出了一個請求。

「我們希望成為這座神廟的守護者，偉大的朱比特。在這裡，我們相濡以沫地度過了生命中的大部分時光，我們希望可以永遠留在這裡，永遠不會分開。」

費萊蒙的話音剛落，便聽到朱比特說：「你的願望實現了。」說完這些話，兩位神便從他們面前消失了，空中只留下一條長長的紫色光柱，如同朱比特的長袍，旁邊是兩朵翅膀形狀的雲彩，那是墨丘利留下的印記。

鮑西絲和費萊蒙進入神廟，作為守護者相依相伴地共度了餘生。春日的一天，這對已經老態龍鍾的伴侶並排站在神廟前的臺階上，看著大地重新披上綠裝。就在此時，另一個神蹟發生了。

他們因年邁而駝曲的後背變得挺直，衣服上覆蓋著綠色的樹葉，兩人的頭上都長出了一個枝繁葉茂的樹冠。他們試圖說話時，卻發現自己被裹上了一層厚厚的樹皮。他們變成了兩棵莊嚴的大樹，一棵菩提樹和一棵橡樹，佇立在神廟

Chapter 21　神最好的安排

前，繼續守護著它。因為心存敬畏，他們得到了神最好的安排。

鮑西絲和費萊蒙變成了兩棵莊嚴的大樹，一棵菩提樹和一棵橡樹，繼續守護著神廟

Chapter 22
雅辛托斯與風信子

　　無論是王室成員還是運動員、鄉村民眾，還是城鎮的音樂家、聖人、商人，人們都行進在前往蒼翠的帕納塞斯山的路上。在那個古老的神話時代，希臘古都德爾菲就坐落在那裡。國王乘坐著裝飾華麗的戰車，拉車的是皇家馬廄裡最快捷的戰馬。年輕人穿著盛裝，帶著投擲比賽用的扁圓石頭飛盤、標槍、弓箭和箭袋。通往德爾菲阿波羅白色神廟的道路上，擠滿了步行、騎馬和駕駛農用四輪大車的人，所有人的目標都是同一個方向。這的確是一個非常盛大的場合，這天將舉辦五年一次的德爾菲運動會，以紀念偉大的阿波羅神。

　　人們爬上帕納塞斯山，一座由於曾經發生的故事而名聲在外的名山。當時，眾神認為有必要摧毀凡間，但帕納塞斯憑一己之力將頭抬出水面，給人類以庇護。阿波羅也是在這裡將他所愛慕的達芙妮變成了一棵月桂樹。從那時起，月桂樹的綠色枝條和粉色花朵就鋪滿了整個山坡。如今，帕納塞斯山保護著希臘最著名的城市德爾菲。

Chapter 22　雅辛托斯與風信子

德爾菲運動會在一片廣袤的平原上進行，背後是一處陡峭的懸崖，旁邊的巖洞裡有著能夠預知未來的神諭。希臘人以此來紀念競技之神阿波羅。

競技場和周圍的石凳上很快擠滿了穿著各色節日盛裝的觀眾。在入口處的一根雕花大理石柱上掛著一個巨大的月桂花花環，那是為獲勝者準備的獎品。人們紛紛談論著誰將笑到最後。

「最大的考驗是擲鐵餅。」坐在人群邊上的一個小夥子對旁邊的人說，「如果是一個訓練有素的士兵，他所投擲的標槍或長矛有可能擊中目標。但是有誰能用薄薄的飛盤瞄準在風中飄忽不定的目標，抓住它轉向的時機擊中它呢？」

另一個小夥子深深地思考了一會兒，開口說道：「年輕人，雅辛托斯（Hyacinthus）可以。」

「對，雅辛托斯！」第一個小夥子回答道，就好像這個名字本身就是魔法咒語。

「當然，雅辛托斯會拔得頭籌，他不是阿波羅的朋友嗎？聽說他從能拿動標槍開始，就被阿波羅帶著觀看和參加各種比賽。阿波羅覺得他特別像年輕時的自己，因此對他喜愛有加。他們也曾一起在帕納塞斯山上較量和練習技巧，有時候也在樹林裡漫步。要是我也有一位神朋友，那該有多棒！」這個小夥子羨慕地說道。

隨後,兩位小夥子都向後退了一大截,屏住呼吸看著四輛戰車並排呼嘯而來。馬匹全身都被汗水溼透,車夫們不顧危險地站在戰車上,看著戰車即將翻倒在賽道上,大喊著勒緊了韁繩。兩輛戰車的輪子被鎖定,車夫摔落在因驚恐而橫衝直撞的戰馬之下,但沒有人注意到他們。緊接著,另外兩輛戰車像一陣熱風一樣掠過,其中一輛馬上就要衝刺了。人群爆發出山呼海嘯般的歡呼聲,就像是從一名巨人的喉嚨中發出的那樣。

「到飛盤比賽了。」之前說話的一位小夥子說道。此時,一名穿著推羅紫布料長袍、體型修長的年輕人昂首闊步地走到賽場中間,手中拿著一個扁平的圓形飛盤。

「是雅辛托斯,我說的沒錯吧!」兩個小夥子喊道,「但是他身邊的人是誰?」他接著問道。賽場上的另一個年輕人,眼睛深邃,四肢筆直,面色如同一團閃耀的火光,就像從空中降落人間一樣。他在雅辛托斯旁站定。

「是阿波羅本人,只不過裝扮成一位年輕人而已!」人們敬畏地竊竊私語,「他親自來指導朋友雅辛托斯如何擊中靶子。」

這就是當時所發生的神蹟。那些目光犀利的人一眼就看出來,賽場中的那個陌生的年輕人正是阿波羅。他的頭頂向上發射出明亮的光線。沒有人說話,當阿波羅抓起飛盤的時

Chapter 22　雅辛托斯與風信子

候，所有人的目光都聚焦在他們兩個人身上。阿波羅將飛盤舉過頭頂，用強大的力量和精湛的技藝，將飛盤拋得又高又遠。

雅辛托斯看著飛盤如離弦之箭一般直衝天空。他確信飛盤會筆直向前飛去，直到擊中盡頭的目標，甚至還會飛得更遠。他非常信任這位來自神界的夥伴，他們曾經一起度過許多非常美好的時光。飛盤繼續在空中飛行，雅辛托斯的思緒也回到了與阿波羅友誼的點點滴滴中。阿波羅曾帶著雅辛托斯穿過叢林，在他去捕魚時為他扛漁網，讓他的狗去幫忙追趕獵物，有一次甚至在帕納塞斯山的遠足中將詩琴落在了山頂。

「我將跑到前面去將飛盤帶回來。」雅辛托斯心想。在競技的魅力和人群的助威下，他興奮地衝出去，追趕那快速飛行的飛盤。

風神澤費羅斯也非常喜愛雅辛托斯，但他嫉妒阿波羅和他的手足情深。於是，他突然改變了飛盤的方向。飛盤重重地砸到了地面上，接著反彈起來，正好擊中雅辛托斯的額頭。

雅辛托斯應聲倒地，阿波羅的臉色變得和他一樣慘白。他飛奔到雅辛托斯身邊，用盡畢生所學，希望能止住雅辛托斯傷口不斷湧出的血，挽救他的生命。但是雅辛托斯傷勢過重，阿波羅也無能為力。就像花園中被折斷的百合花垂向地

面一樣,雅辛托斯已經奄奄一息。他的脖子無法支撐頭部的重量,所以頭耷拉在肩膀上。

「是我害了你,我最親愛的朋友。」阿波羅哭喊道。人們關切地走上前來。看到阿波羅比凡人還悲傷,紛紛將頭轉向一旁。「是我奪走了你年輕的生命。你遭受著痛苦,而我也成了罪人。我真希望躺在這裡流血的那個人是我。」隨後,阿波羅沉默不語,怔怔地看著那些由雅辛托斯的鮮血染紅的青草。

奇蹟發生了!

葉子上的深紅色斑點變成了象徵皇室的紫色,地上長出了根莖和葉子,隨後開出有著甜美芳香的花朵。世界上從來沒有過如此美麗的花朵。阿波羅撫摸著那些似乎上過蠟的花朵,知道那是眾神對他的撫慰,讓他不那麼悲傷。在帕納塞斯山上,他的朋友將會以花的形式得到永生。這種花就是風信子,代表著春天的承諾。

雅辛托斯變成美麗的風信子,以花的形式得到了永生

Chapter 22　雅辛托斯與風信子

Chapter 23
失去雙耳的彌達斯王

在亞洲的佛里幾亞,人們需要一位新國王。宮廷中一直流傳著這樣一個古老的說法:有一天他們的統治者將會乘坐農場馬車來到宮殿。

起初,沒有人把這個預言當回事。但令人驚訝的是,有一天有一位叫戈耳狄俄斯(Gordias)的農夫帶著他的妻兒駕駛著一輛牛車駛進了公共廣場。他們的兒子彌達斯(Midas)坐在他們中間。農夫下車後,將牛車拴起來,並打了一個結實的結,似乎要在那裡駐紮下來。事實上,這正是傳說中的戈耳狄俄斯之結。它是如此難解,據說能解開這個結的人,將會成為全亞洲的統治者。

將牛車在宮殿大門外拴牢之後,戈耳狄俄斯和他的妻子就回家了,只留下彌達斯在那裡。根據預言,彌達斯登上了佛里幾亞的王座。但從執政一開始,彌達斯王便使用權利滿足自己的欲望,而對百姓的聲音充耳不聞。

Chapter 23　失去雙耳的彌達斯王

　　酒神巴克斯（Bacchus）捲曲的頭髮纏繞著葡萄葉，手中始終拿著一杯紫色的葡萄酒。他是一個友善、和平、樂於與人類交朋友的神。他和彌達斯王私交甚密，樂於滿足彌達斯的任何願望。

　　彌達斯王希望自己觸碰的任何東西都變成黃金！

　　彌達斯王本來對巴克斯同意賜予自己如此貪婪的力量不抱希望，但是巴克斯爽快地同意了。彌達斯王喜出望外，趕緊單獨去測試自己的魔力——他從橡樹上折下一段樹枝，驚喜地看見它變成了一段堅固的金條。他簡直不敢相信自己的眼睛。於是，他又拿起一塊石頭，石頭也變成了金錠。他摸了一下草皮，草皮瞬間變成了一團厚重的金粉。他從果樹上擰下一顆蘋果，手上就出現了一個金蘋果，不知情的人如果看到，還以為是從赫斯珀里得斯仙女們的金蘋果園偷來的。彌達斯王喜不自勝，連忙回到宮殿，吩咐僕人準備最昂貴、最精美的盛宴，慶祝他掌握了點金術。

　　他已經飢腸轆轆，迫不及待地要享用美食。他抓起一片白麵包，準備飽餐一頓。但不等他張口，手中的麵包就變成了一片黃色的金屬板。他端起一杯香醇的牛奶，但剛到嘴唇邊，牛奶就變成了熔化的濃稠金水。他想吃的任何東西，只要是被嘴唇觸碰，就會變成黃金，不管是禽肉、水果、蛋糕，還是別的。他守著唾手可得的財富，卻隨時有可能被餓死。

在黃金的光芒之中，彌達斯王高舉雙臂，向巴克斯祈禱，懇求他能夠將自己從這種看似輝煌的能力中解脫出來。

神雖然可以賜予禮物，但對於巴克斯而言，憑藉神力將一個凡人從危險中解脫出來是不可能的。但是巴克斯非常善良，他不忍心讓這個愚蠢的國王自生自滅，於是為他指了一條路。

「現在動身吧！」他告訴彌達斯王，「去派克托洛斯河（Pactolus）。沿著它蜿蜒的河道找到源頭，然後將你的身體和頭部浸入水中，以洗刷你的貪婪。」

對於彌達斯王而言，這注定是一段漫長而艱難的旅程。他的關節已經變成了黃金，嘎嘎作響，僵硬無比。他沒有任何可以果腹的食物，也沒有任何地方可以歇腳，因為只要他一觸碰，它們就會立刻變成黃金。他還必須東躲西藏，以避開那些搶奪金子的亡命徒的追蹤。最後，他終於來到了河流的源頭，並跳了進去。他那僵硬並且金光閃閃的身體變得柔軟，恢復成了原來的肉體。他頓時感到一陣輕鬆。

「我受夠點金術了，」回到宮殿的彌達斯王說道，「從現在起，我將遠離所有的財富，去鄉下生活。」

隨後，彌達斯王購下一處農場，並將宮殿搬到了那裡。他也成了長著山羊腿的牧神潘的忠實追隨者。

在眾神中，潘是最快樂的，也可以說是最受歡迎的，因

Chapter 23　失去雙耳的彌達斯王

　　為他所司掌的是整個美麗、廣闊的戶外。一年四季，他都喜歡遊歷於群山和谷地之中，或窺視牧羊人所居住的洞穴，或與居於山林水澤的仙女們嬉笑打鬧。無論他走到哪裡，都會留下歡聲笑語。他如果困了，便枕著一墩樹樁，隨便蓋幾片敗落的葉子入睡。

　　世上沒有人能擺脫潘的捉弄。夏日的一天，女獵手黛安娜正在森林中行走，突然聽到身後小路上傳來樹葉沙沙作響的聲音。她轉過身來，看見潘那張陰沉和嘲弄的臉，還有他那長著角的頭和毛茸茸的身體。黛安娜趕快逃走了，但是潘緊隨其後。

　　想必潘知道他所追逐的是一位女神，因為她的獵號和獵弓都是銀質的，並發出如月光般的神聖光芒。黛安娜驚恐地在前面跑，潘在後面緊追不捨。終於，潘在河邊超越了黛安娜。他張開雙臂，想要抱住黛安娜。黛安娜只好向水中的仙女們求救。

　　最終，潘抓住的不是黛安娜，而是一根滴水的蘆葦。在仙女們的幫助下，女神成功脫身了。由於惡作劇失敗，潘舉起了蘆葦，對著它嘆了口氣。奇妙的是，蘆葦發出了一段美妙的旋律。潘被音樂的新奇和甜美迷住了。他挑出一些長短不一的蘆葦，將它們並排綁在了一起。就這樣，他為自己製作了一隻笛子，用它演奏鳥兒的歌聲和溪水的潺潺聲。

彌達斯王非常喜歡鄉下的生活，除了酒神巴克斯，他和潘也有不錯的交情。他支持潘玩弄一些小伎倆，並且對他吹笛子的本領大加吹捧。

「彌達斯王，如果您真的認為我水準高超的話，那麼，我可以和阿波羅較量下音樂技藝。」潘神有些沾沾自喜。

「是個好主意！」彌達斯王回答道。

阿波羅的詩琴可以演奏出天籟之音，而潘的笛子只能演繹一些凡間的旋律，彌達斯王本應意識到這一點。玩世不恭又大大咧咧的潘對此毫不在意，他向光明和音樂之神——阿波羅發起了挑戰。阿波羅欣然應戰，來到舉行比賽的綠色田野上。山神特摩羅斯（Tmolus）被選作評審。得到開始的訊號之後，潘使用他的笛子演奏了他知道的所有人間樂曲。彌達斯王坐在潘旁邊，這些美妙的樂曲讓他很開心。

隨後，阿波羅站起身來。他頭戴月桂樹花環，身穿一件席地的皇家紫長袍。他撥動詩琴的琴弦，世上頓時充滿了神的音樂。山神掃除了周圍的樹木，以便可以更好地欣賞。樹木本身也向著阿波羅的方向傾斜，以表達它們的驚嘆和敬意。音樂停止後，琴弦依然在有力地振動，餘音在山間和空中久久迴盪。這本身就是一場實力懸殊的比賽，山神判定阿波羅獲勝。但是彌達斯王提出了異議。

「我更喜歡潘的笛聲，」他說道，「所以，我不認同特摩

Chapter 23　失去雙耳的彌達斯王

羅斯的評判。」

　　彌達斯王雖然年邁，但依然以自我為中心，並且俗不可耐！阿波羅實在無法忍受這樣一副自甘墮落的耳朵。於是，他觸碰了彌達斯王的耳朵，它們開始變長，並在他的頭頂併攏，內外都變得厚重。彌達斯長出了一副驢耳朵！

　　對於一個國王而言，這簡直是奇恥大辱。事實上，彌達斯王無法獨自承受這個結果，他將這個祕密告訴了宮廷的理髮師，讓他協助自己掩蓋這個事實。

　　「不要向任何人說起我的耳朵，否則我將殺了你！」彌達斯王命令道。

　　理髮師為國王換了個髮型，以便遮住那雙笨拙的驢耳朵。他甚至還專門製作了一條大頭巾，這樣可以更好地進行掩飾。然而，理髮師實在做不到守口如瓶。於是，他走出王宮，來到一片草地上。在那裡，他挖一個坑，彎下腰小聲地說出了這個祕密。隨後，他如釋重負地將坑填上。

　　在理髮師掩埋彌達斯王醜事的那片草地上，幾乎是一夜之間冒出了一片厚厚的蘆葦。等到它們長得足夠高，可以被風吹起的時候，它們便開始小聲講述著國王的故事。據說，如果你今天看到草地上被風吹起的蘆葦，仔細聽的話，仍能聽到它們在講述彌達斯王的故事。

Chapter 24
棄惡從善的墨丘利

阿波羅遇上了一個大麻煩。他在凡間放養了很多牲畜，其中一群卻莫名其妙地集體失蹤了。他清楚地記得，他前一天晚上將一群牛放在了阿卡狄亞的一塊牧場中。但是第二天早晨，當他駕駛著光的戰車，迎著清晨第一抹朝霞前往那裡的時候，卻發現牛群不見了。他將整個國家找了個遍，也沒有發現任何一頭牛的蹤跡，甚至沒有任何蹄印可以指示牠們到底去了哪裡。

在搜查的過程中，阿波羅遇到了一個名叫巴圖斯（Battus）的農民，他的眼睛在頭上高高地突起，顯得很是古怪。

「你有沒有在附近見到一群牛，鄉下人？」阿波羅問道，「我最好的牛群失蹤了，既沒有找到蹄印，也沒有發現牠們的藏身之處。」

「昨晚我的確看到了一群牛和一些奇怪的事情。」巴圖斯回答道，「當時天已經黑透了，而且是陰天。我出去看我的羊

Chapter 24　棄惡從善的墨丘利

圈有沒有關好。我看到了似乎是潘和他的薩堤爾（Satyrs）家族搞的惡作劇，但我不確定他們是否有這種能力。」

「告訴我你看到了什麼，別那麼多廢話。」阿波羅不耐煩地催促道。

「當時是半夜了，」巴圖斯解釋道，「我經過一片田野，看到一群精壯的牲口正在休息。有一個小孩輕巧而穩當地從草地上跑過，就如同長了翅膀。他時不時地停下來，採集一小把編笘帶用的稻草，並用乾草捆起來。之後，他來到牛群面前，在每隻牛蹄上都綁了一捆稻草。隨後，他將牛群趕往了皮洛斯（Pylos）山洞。那個山洞您知道的，就在這附近。我跟著他走了一段路，但是跟丟了。那個孩子乘著風走的，連個腳印都沒有留下，因此我根本無從追趕。牛蹄上綁的稻草清除了牠們的痕跡。」

「敢對我耍滑頭，何況我還是神！」阿波羅驚呼道，他的眼睛因為憤怒而失去了往日的神采，頭頂放射出來的光芒中也迸出了火花。他來不及感謝提供情報的巴圖斯，便乘著閃電直奔皮洛斯山洞。他的牛群正在山洞外悠閒地吃著草。阿波羅闖進洞中，看到了帶給他麻煩的那個小淘氣鬼。

男孩仍然在熟睡，看起來非常孤單。自從他出生在這個山洞開始，就一直把這裡當成自己的家。被阿波羅搖醒後，他睜開雙眼，那是一雙在凡間乃至奧林帕斯山上都不多見的

最明亮和狡黠的眼睛。他打量了一眼阿波羅，又將眼睛閉上了，假裝又睡過去了。和大部分靠自己的聰明才智添亂的人一樣，他也不希望被人發現。這個男孩正是後來擔任諸神的使者和傳譯的墨丘利。早在這之前，他就以捉弄眾神為樂。

墨丘利有一雙在凡間乃至奧林帕斯山上都不多見的
最明亮和狡黠的眼睛

「你把阿卡狄亞的牛群趕到這個偏僻的地方，到底想要做什麼？」阿波羅氣憤地問墨丘利，「你難道不知道這個國家的人民需要依靠牠們來獲得食物，降落在人間的神也需要牠們提供的奶油和凝乳？」

墨丘利一語不發，只是聳了聳肩，繼續緊緊閉著眼睛。

「既然這樣，那你真是罪有應得。」阿波羅說道。他已經徹底失去耐心，不耐煩地將墨丘利一把抓到他的戰車上，然後帶著他直接趕往奧林帕斯山。阿波羅打算把墨丘利帶到眾神之王朱比特的面前，交給他來審判。

這注定是一場嚴酷的考驗，對墨丘利這麼大的小男孩更

Chapter 24　棄惡從善的墨丘利

是如此。朱比特的王座高高在上，黃金和寶石發出令人眩目的耀眼光芒。寶座後面有成堆的閃電球，隨時準備懲戒那些冒犯者。阿波羅向朱比特報告了墨丘利的惡作劇，朱比特面色陰沉、眉頭緊鎖。

「我們應將他拋下……」朱比特一開始打算剝奪墨丘利神的資格。就在這時，墨丘利直視朱比特的眼睛，而朱比特也用眼神予以回應。隨後，朱比特開始意識到，雖然面前的這位年輕的神頑劣不堪，但只要他下定決心浪子回頭，假以時日，一定會做出一番豐功偉業。

「我自己也丟了一頭牛，」他告訴墨丘利，「事實上，那不是一頭牛，而是一個名叫伊俄（Io）的美麗少女，只不過被施魔法變成了牛的模樣。我知道她現在生活在凡間，被一個名叫阿爾戈斯（Argus）的百眼巨人看守著。我希望能夠將她拯救出來，並恢復她原來的樣貌。但是阿爾戈斯從來不會將所有的眼睛同時閉上，即使睡覺的時候，也起碼有 50 隻眼睛是睜開的。你能助我一臂之力嗎？」

墨丘利站得筆直，乾脆地回答道：「我會盡力的。」

「你可能需要一些幫助。」阿波羅說道。聽到墨丘利打算冒險，阿波羅早就將憤怒丟到腦後。「拿上這些。」他給了這位年輕的神一些非常實用的禮物，包括一根雕刻有兩條毒蛇的金色魔杖、一副可以穿在腳上的翅膀以及一副可以戴在

頭頂上的翅膀。

墨丘利將魔杖拿在手中，繫上了翅膀，一瞬間變得非常高大，身形也變得和眾神一樣魁梧。現在，他成了眾神的使者，他知道自己比其他任何神都睿智精明。隨後，他立即動身前往伊俄所處的阿卡狄亞綠色田野。

在那裡，年老的百眼巨人阿爾戈斯看守著伊俄，每一隻眼睛都不離開她片刻。白天，他讓伊俄化身成小牛自由吃草，但是到了晚上，他會將粗壯的繩索捆在小牛的脖子上。伊俄想要伸出雙臂，懇求阿爾戈斯給她自由。但是她無法伸出雙臂，喉嚨裡發出的吼叫聲把她自己都嚇了一跳。她的父親和兄弟餵她吃草，卻無法認出她來。墨丘利急匆匆地趕去解救伊俄。快要靠近阿爾戈斯的時候，他卸下翅膀放在一旁，手裡只拿著一根魔杖。在路上，他還去找潘借了笛子。當他趕著一群羊出現在阿爾戈斯面前時，阿爾戈斯誤認為他只是一個四處遊蕩的牧羊人。

阿爾戈斯從未聽過如此美妙的笛聲，不禁喜不自勝。當墨丘利走過他身邊的時候，阿爾戈斯叫住了他：「請來我身邊，在這塊石頭上坐下來。」他懇求道，「在整個阿卡狄亞都沒有比這裡更好的牧場了。」

於是，墨丘利坐在了阿爾戈斯的身邊，一直演奏到阿爾戈斯心滿意足。在那天剩下的時間裡，墨丘利一直講各種故

Chapter 24　棄惡從善的墨丘利

事給阿爾戈斯聽，一直到太陽落山，繁星初上。此時，伊俄還在草地上吃草，阿爾戈斯根本無暇再將她束縛起來。夜幕降臨，墨丘利繼續纏著阿爾戈斯演奏音樂和講述故事。慢慢地，阿爾戈斯的一隻隻眼睛依次閉上了。在黎明第一道曙光刺破黑暗的時候，他的最後一隻眼也閉上了。墨丘利帶著伊俄回到了朱比特身邊，朱比特將她恢復成原來的樣貌。當然，墨丘利還順手做了一些其他的事情。他將阿爾戈斯所有的眼睛作為禮物送給了朱諾。朱諾喜出望外，將它們放在孔雀尾巴上作為點綴，就像今天我們所看見的那樣。

完成這項使命之後，墨丘利深得眾神的賞識。他們開始給墨丘利一些特殊的任務，例如，將潘朵拉和魔盒帶到凡間、為英雄們帶去新的鎧甲、幫助毛手毛腳的戰神瑪爾斯從自己的鎖鏈中脫身。這些任務對於墨丘利而言只不過是小菜一碟，但是能讓他覺得自己很重要，於是他又開始了捉弄人的把戲。

幾乎每個神都有自己專屬的特別寶物，在某種程度上說，這是他們權威和權力的象徵。他們變得越來越依賴這些寶物，好像失去它們就無法很好地做事。但是頑劣的墨丘利偷走了維納斯的寶石腰帶、朱比特的權杖、瑪爾斯最好的寶劍、涅普頓的鉗子和三叉戟，或者將它們藏起來，或者自己把玩。隨後，他會想辦法將這些事情掩蓋過去，讓一切相安無事。但這造成眾神極大的焦慮和不便。終於，他們將墨丘

利再次發配回了地面，讓他作為英雄們開始冒險征程時的嚮導。

於是，墨丘利乘著翅膀在世界各地飛行，哪裡有危險，需要勇氣和機智，墨丘利就會出現在哪裡。他的足跡遍佈了希臘的小島和很多外國島嶼。在這些旅行中，每每遇到迷了路的旅行者和陌生人，他都會熱心地為他們指引方向。

希臘有一個地方處於幾條大路的交叉口，用現在的話說就是一個交通樞紐。這裡充滿了危險。徒步的旅行者會因視線受到阻擋，對疾馳而過的戰車避之不及。由於沒有路標，不熟悉這裡的人很容易迷路。於是，墨丘利為這個路口設立了第一個路標，明確地告訴人們每條道路通向哪裡。

希臘人為紀念墨丘利的創舉設立的路標

Chapter 24　棄惡從善的墨丘利

　　從那之後，希臘人在每個道路的交叉口都設立了路標，以紀念墨丘利的創舉。希臘人設立的路標要比別的地方漂亮得多。它們用精緻的大理石製成，頂部雕刻有戴著長有翅膀的帽子的墨丘利頭像。每個來到這些路標面前的人都被要求在旁邊放一顆石子，以作為對墨丘利的獻禮。人們收集的這些石頭有助於清理路面，讓道路更加暢通無阻，因此深得速度之神的賞識。隨後，商貿活動開始興起，大量的木材、穀物、羊毛和水果透過大型牛車被運往海邊，然後裝船運往世界各地。通暢的道路促進了商業的繁榮，這正是墨丘利所希望的。

　　儘管墨丘利一開始有些頑劣不堪，但他最終還是改過自新。他的改變來自如何運用自己的智慧，是否能幫助世界變得更加美好。

Chapter 25
差使女孩伊麗絲的新裝

　　很久很久以前，有一個女孩名叫伊麗絲（Iris）。她是神的孩子，有許多有趣的親戚。她的外祖父是雙肩掮天的巨人阿特拉斯。阿特拉斯有七位美若天仙的女兒，伊麗絲的母親厄勒克特拉（Electra）便是其中之一。她們居住於山林水澤，伴隨在女獵手黛安娜左右。夜空中高懸的銀月被人們認為是黛安娜的化身，而周圍七顆閃亮的星星便是普勒阿得斯，即我們所熟知的七姐妹星團。

　　伊麗絲有一位聲名顯赫的祖父——海洋之神歐開諾斯（Oceanus）。因此，她有時在天上和普勒阿得斯一同生活，有時則到深海中和祖父待在一起。對於她而言，兩個地方都非常有趣。她既喜歡天空那耀眼的光線，也喜歡在海底的珊瑚宮殿進行探索。

　　家裡所有的人都將伊麗絲視作掌上明珠。但令人驚嘆的是，伊麗絲沒有恃寵而驕，不管是在天上還是在深海，沒有人對她不滿。伊麗絲受到了良好的教育，當她還是個很小的

Chapter 25　差使女孩伊麗絲的新裝

孩子時，便盡一切可能為他人提供幫助。

　　普洛塞庇娜（Proserpine）也是神的孩子。她在外出時被冥神普路托擄走，她的母親穀類女神刻瑞斯出去尋找女兒，長時間無心打理自己的工作，使大地變得乾裂和貧瘠。伊麗絲每次往返天空和海洋時，都會為路邊那些枯萎的穀物、水果和鮮花感到難過，非常希望能做些什麼。

　　一個夏日，伊麗絲去拜訪祖父歐開諾斯。一隻嬉戲的海豚馱著她穿過波峰浪穀，伴她度過了最美好的時光。大海被柔軟、輕盈的蒸汽所籠罩，天色漸晚，她趕回了天上。匆忙間，她來不及拂去身上包裹的蓬鬆蒸汽。就在此時，一樁不尋常的事發生了，雲朵之間散發的涼氣將這些海面升騰的水氣變成了雨滴。伊麗絲不想被弄得全身溼透，於是趕緊閃到一旁。她靠在一堵雲牆的邊緣往下看，驚奇地發現，那團蒸汽變成了一陣雨水降落在地面上，為被烈日炙烤的大地帶來了一絲清涼，讓乾旱稍得緩解。

　　伊麗絲可以乘風從世界的一端飛往另一端，她此後便忙於尋找飢渴的植物，幫助它們。她會就近降落在海洋、湖泊或河流中，然後將飽含水分的蒸汽攜帶到天空中，變成雨水降落地面，以滋潤萬物。農民將伊麗絲視作他們最為重要的幫手。最終，她的善舉傳到了奧林帕斯山眾神的耳中。

乘著海豚的伊麗絲

　　原本，眾神有一位名叫墨丘利的使者，他的腳跟和帽子上都長有翅膀。每當眾神交代給他哪怕是最困難、最煩瑣的差事，在瞭解到具體要求之後，他都會迅速完成。不管是為希臘的勇士們送去新的鎧甲，還是為英雄們領路，甚至，戰爭之神瑪爾斯在一次被用來設計他人的鎖鏈纏住時，也是墨丘利救了他。但沒有人知道墨丘利是如何執行任務的。他喜歡和潘在叢林中閒逛，並對外宣稱這是為了保護年輕的酒神巴克斯。

　　於是，眾神決定再找一位可以勝任差使工作的女孩。她應該住在奧林帕斯山上，只有在有必要作為指引者或勸告者幫助凡人的時候，才會離開自己的居所，眾神選定了伊麗絲為新的差使。

　　對於伊麗絲而言，眾神所交給她的這份工作，是一份沉甸甸的信任。在相當大的程度上，她需要憑藉自己的判斷力

Chapter 25　差使女孩伊麗絲的新裝

去確定何時何地有凡人迫切需要幫助，以及她將如何給予他們最大的幫助。一天，她注意到自己祖父的王國中發生了一些異樣。

一艘小船從港口緩緩駛出，微風吹動著繩索，海員們有的划動著船槳，有的升起了風帆。夜幕降臨，海面湧起了白花花的海浪，並且颳起了猛烈的東風。船長命令船員們加固船隻並且收起船帆，但是沒有一個船員能聽到船長的喊聲，因為這個喊聲早已被狂風和海浪的聲音所吞沒。男人們的驚叫聲、桅索的吱嘎聲、海浪的拍打聲和雷電的轟隆聲交織在一起。隨後，海浪更新成了滔天巨浪，飛濺起的泡沫似乎要衝向雲端，然後又重重地落在海面上。

小船似乎隨時可能被風暴撕成碎片，就如同獵人矛尖上的野獸一樣任憑擺布。隨後，一道閃電劃過，將暗夜照得猶如白晝。閃電擊碎了桅桿，打壞了船舵。滔天的巨浪乘風而起，惡狠狠地砸向小船，把小船撕成了碎片。在小船沉沒之際，船長絕望地高喊道：「哈爾西歐尼（Halcyone）！」

伊麗絲透過黑暗看到了遠處的西西里島王后哈爾西歐尼，她正在哀悼在海難中罹難的丈夫——那艘小船的船長。

伊麗絲沒再猶豫，立即動身前往睡眠之神索莫納斯（Somnus）的王宮。那是一段漫長而危險的旅程，即便是阿波羅也不敢在清晨、中午或傍晚貿然到那裡去。王宮坐落在一

個光影搖曳且黯淡的國度，空中飄著雲朵，地面上籠罩著陰影。那裡沒有野獸，沒有牲畜，沒有風搖動樹木，甚至安靜得沒有任何聲音。只有遺忘河（Lethe）緩緩流過，泛著低沉的搖籃曲的漣漪。

伊麗絲怯生生地走進索莫納斯的宮殿，兩旁是遍佈著罌粟花和藥草的田野。黑夜之神正是用這些罌粟和藥草提煉出睡眠，並將其撒布在被黑暗籠罩的凡間。宮殿並沒有打開時會吱吱作響的大門，甚至連看門人都沒有。於是，這個小小的差使女孩直接走了進去並來到大殿中央。殿中有一個黑色烏木王座，掛著昏暗的羽毛和窗簾。索莫納斯斜倚在王座中，頭髮和鬍鬚如同斗篷一樣蓋在他身上，他的眼睛勉強睜開一道縫。

伊麗絲跪倒在他面前，然後說道：「索莫納斯，我最溫柔的神，受傷心靈的撫慰者。」她說，「您可以讓哈爾西歐尼做一個關於她所日夜哀悼的丈夫的夢嗎？您看看您的周圍，有著這麼多的夢，多得像豐收的稻稈、林中的樹葉或是海邊的沙粒！您能否不吝惜其中一個美夢，將它分給哈爾西歐尼？」

索莫納斯將他的僕人夢神摩耳甫斯（Morpheus）叫到身邊。摩耳甫斯選擇了一個夢境，帶著它張開翅膀悄無聲息地飛往特拉齊恩（Trachine）。在那裡，哈爾西歐尼整夜無法安

Chapter 25　差使女孩伊麗絲的新裝

睡，她輾轉反側，一想到丈夫的船失事前的慘狀，便會驚恐得痛哭不止。可是，就在一瞬間，哈爾西歐尼安詳地睡去，並做了一場美好的夢。她夢見丈夫站在她的臥榻前，和她說話。

「我的船隨暴風雨沉入了愛琴海。」他告訴哈爾西歐尼，「跟我一起來吧！不要讓我孤身一人。」

這可能是索莫納斯送出的最具啟發性的夢。哈爾西歐尼決定不再整日黯然悲傷，而是懇請眾神允許她追隨自己的丈夫。於是，心懷悲憫的神將他們都變成了在海洋中自由飛翔的海鷗，共同駕馭風浪，守衛漂浮在海上的愛巢，再也沒有分開。

在確認她的差事圓滿完成之後，伊麗絲離開了索莫納斯的領地，因為她覺得瞌睡已經開始在自己身上蔓延。在回去的路上，她小心地避免踩到任何可以被加工成睡眠的草藥，並且忍住不去採摘任何一朵罌粟花。終於，她安全地跨過了邊界。隨後，她簡直不敢相信自己的眼睛，在她面前出現了另外一個奇蹟。

眾神為她建造了一座長長的拱橋，這座橋連通地面和天空，這樣她可以直接回到奧林帕斯山上的居所。拱橋由各式各樣顏色的寶石建造，有紅寶石、黃寶石、綠寶石、藍寶石和紫水晶等，一排排閃閃發光的寶石在她腳下鋪就了一條光

明之路。伊麗絲順著拱橋往回走，寶石的閃耀光芒讓她也熠熠生輝。等她回到居所時，還發現了另外一個驚喜——有一件漂亮的新衣裳在靜候著自己的主人。

它和打造橋梁的寶石一樣，有著令人眼花撩亂的顏色——深紅、橙色、黃色、綠色、青色、藍色和紫色等。這些顏色絕妙地搭配在一起，渾然天成。衣服上還有一副翅膀。伊麗絲穿上了這件新的衣服——即便是朱諾也從未有過如此漂亮的衣服。

以後的日子，每當伊麗絲沿著拱橋往返於奧林帕斯山和凡間的時候，她都會穿著這件多彩的衣服。她的差事依然和幫助、勇氣以及希望有關。

你們能猜出來她是誰嗎？雨後初晴，當太陽從雲彩中露出笑臉的時候，你可能會看到她的彩色拱橋。伊麗絲正是給予我們彩虹的神的孩子。

Chapter 25　差使女孩伊麗絲的新裝

Chapter 26
被擄走的普洛塞庇娜

　　在恩納（Enna）山谷的湖岸邊，百合花和大朵的紫羅蘭正燦爛地綻放。這讓任何一個小女孩都為之心花怒放，何況是普洛塞庇娜。要知道，她的母親是穀類女神刻瑞斯，而她自己也以野外為家，終日無憂無慮地在野外玩耍。普洛塞庇娜和同齡的玩伴們在森林中賽跑，卻渾然不知自己已經進入了危險的境地。

　　「不要跑出我們的田野，這樣會離開大家的視線。」那天早晨，刻瑞斯這樣叮囑她。

　　但事實是，普洛塞庇娜跑出了玩伴的視線，也聽不到他們的聲音。紫羅蘭喜歡生長在潮溼、陰暗的地方。普洛塞庇娜沿著藍紫色的鮮花小徑越走越遠，最後孤身一人迷失在恩納山谷的叢林中。突然間，不遠處有危險的訊號傳來。

　　她的耳邊先是傳來駿馬拉動戰車的奔騰聲，隨後是巨大的車輪碾壓低矮的樹枝和灌木的聲音。一道陰影瞬間籠罩了山谷，讓本來就非常幽暗的山谷更加陰沉。之後，一架由黑

Chapter 26　被擄走的普洛塞庇娜

色駿馬拉動的戰車進入了她的視線，駕車人從頭到腳罩著一身黑色的長袍。他正是黑暗之王普路托，為了綁架漂亮的小普洛塞庇娜，他蓄謀已久。普路托一把將普洛塞庇娜拽到半空，扔到自己的戰車裡，她圍裙上兜住的鮮花撒落在地上。她高聲呼救，但是沒有人能聽到。就這樣，駿馬們載著普洛塞庇娜從生機盎然的春日田野來到了普路托那陰森恐怖的地下王國。

普路托高喊著每一匹駿馬的名字，依次向牠們發出號令，同時放鬆了繫在牠們頭上和脖子上的深紅色韁繩。普路托來到塞恩（Cyane）河旁，卻發現沒有橋梁可以通行。他用三叉戟擊打水面，水自動向後退，閃開一條從地面直達他王座的通道。

這是一個藏身於深邃海灣之下的幽閉之所，它在地下的深度甚至和奧林帕斯山距離地面的高度相當。一陣詭異的歌聲從幽深的洞穴中傳到普洛塞庇娜的耳中：

縱然在苦痛中掙扎和扭曲，

快樂和悲傷始終形影不離。

和平伴隨著紛爭，希望伴隨著恐懼，

不必徬徨，這只是人生而已。

在普洛塞庇娜的眼睛稍微適應洞穴中的昏暗後，她看到三個灰白的女人──命運三女神（Fates）。她們手裡拿著線

和剪刀，坐在王座旁邊哼唱著這些歌詞。第一位命運女神紡織出生命之線，第二位命運女神將明亮和黑暗的線撚在一起，第三位命運女神卻隨性地將這些線剪斷。

普洛塞庇娜還看到了另外一些冷峻而可怕的生物，這讓她驚恐不已。復仇三女神（Furies）慵懶地躺在長椅上，她身邊是恐懼女神（Fear）和飢餓女神（Hunger）。九頭蛇海德拉的每一顆頭都發出嘶嘶聲，吐火獸奇美拉則噴出熊熊的火焰。另外，還有一個長著一百隻手臂的巨人，以及使用毒蛇當髮帶的不和女神（Discord）。

「我要回到光明之地，我想回家。求求你了，送我回家吧！」普洛塞庇娜哭喊道。但是只有她自己的聲音在黑暗王國的穹頂中迴響。她嘗試自己逃脫，但是當她重重撞在關押她的厚重鐵門上時，纖弱的小手頓時變得青腫。

第二天早晨，曙光女神奧羅拉穿越天空，將繁星收起，然後將雲朵塗成黎明的淡粉色。這時，奧羅拉低頭望向大地，發現了一位天還沒亮就早早出門的女神。她在天空和地面焦急地四處找尋，雙手已經被汗水打溼，眼中噙滿了淚水。她頭戴由金色穀穗編成的花冠，身穿綠色的長袍，襯托出她的筆挺、健碩和美麗。她陷入深深的悲傷之中，眼睛一直沒有離開過地面。

那天晚上，司掌黃昏金星升起的赫斯珀洛斯（Hesperus）

Chapter 26　被擄走的普洛塞庇娜

正沿著與奧羅拉相同的路徑放出星星時，也看到了那位女神。她的長袍已經被撕破，並且沾染了髒汙和露水，卻依然在一邊哭泣一邊尋找。她打算就這樣一直找下去，不休不眠。

在接下來的日子裡，許多人都見到了這位女神。從早到晚，不管是熾烈的陽光還是冷清的月光，也無論是颶風還是下雨，她一直不停地在曠野中找尋。她已經精疲力竭，悲傷欲絕。一天，一位名叫塞勒烏斯（Celeus）的農民發現了這位身陷絕境的女神，當時，他正在野外採集橡子和黑莓，並收集一些柴火來生火。女神坐在一塊石頭上，已經累得走不動路了。

「妳為什麼獨自一個人坐在石頭上？」塞勒烏斯問她。塞勒烏斯雖然背著很重的東西，但他依然決定停下來伸出援手。「來我的小屋歇歇腳吧！」他提議，「雖然我的小兒子病得很重，小屋也破敗不堪，但是我們很樂意和妳分享。」

女神站起身來，懷抱著一大捧深紅色的罌粟花，跟著塞勒烏斯來到他的家中。

小屋中籠罩著深深的苦難，小男孩已經病入膏肓，一家人幾近絕望。他的母親雖然悲傷得說不出話來，但是依然對這個流浪的女神表示了歡迎，並在桌子上擺了煉乳、奶油、蘋果以及蜂巢中滴下的金黃色蜂蜜。女神吃著東西的時候，

眼睛一直沒離開那個生病的孩子。當男孩的母親將給他的牛奶倒入一個高腳杯中的時候，女神將罌粟汁也加了進去。

夜晚來臨，農民夫婦都進入了夢鄉。這時，女神起身將小男孩擁入懷中，然後用她那雙強而有力的手熟練地愛撫著他的四肢，對他輕聲唸了三遍魔咒，然後將他放在爐火下溫暖的灰燼中。

刻瑞斯將小男孩擁入懷中，
然後用她那雙強而有力的手熟練地愛撫著他的四肢

「妳想殺了我的兒子嗎？妳這個邪惡的女人！枉我如此真心招待妳！」孩子的母親醒來，看到女神的舉動哭喊起來。

但是就在這時，奇蹟發生了。小屋中充滿了如白色閃電般的光芒，似乎是女神的皮膚上閃耀著光芒。她的衣服上散發出令人愉悅的香水味，她的頭髮如同金子一樣閃亮。

199

Chapter 26　被擄走的普洛塞庇娜

「妳的兒子不但不會死，還會好好地活下來。」女神告訴塞勒烏斯的妻子，「他將長大成人，並且成為一個偉大而有用的人。他會教人們學會如何使用耕犁，以及如何憑藉勞動從耕種土地中獲得回報。」

「妳是誰？」當母親看到兒子蒼白的臉頰重新煥發出生命活力之後，驚訝地問道。

「我是穀類女神刻瑞斯。」女神回答道，「我有著比妳更深的悲傷，我的孩子走丟了，我滿世界地尋找她，卻一直沒有找到。」說完這些話，刻瑞斯就消失了。她似乎是將自己包裹在一片雲中，然後飄向空中，迎接新一天的黎明並繼續未知的旅程。

這就是穀類女神刻瑞斯，一位凡間的流浪者。在失去了心愛的小女兒普洛塞庇娜後，她萬念俱灰，無心生活，也無心工作。

在尋找普洛塞庇娜的那段日子裡，由於刻瑞斯無心工作，大地陷入了持續不斷的災難之中。耕牛不斷死去，也沒有了犁地的耕犁。種子無法發芽，土地要麼被太陽持續地炙烤，要麼被連日的陰雨浸泡。鳥兒偷走了本來就少得可憐的收成，甚至是剛播下的種子。

普路托在挾持普洛塞庇娜回到自己的領地時，曾經途經塞恩河邊。當刻瑞斯也來到此處尋找女兒的蹤跡時，居於噴

泉中的仙女阿瑞塞莎（Arethusa）已經奄奄一息了，刻瑞斯也幾乎要放棄了。

「這忘恩負義的大地！枉我用藥草、水果和穀物賜予你豐收！」她憤恨地說道，「但你吞噬了我的孩子，因此也不配繼續享受我的恩澤。」

但是阿瑞塞莎回答道：「請不要苛責大地，像母親一樣照顧我們的刻瑞斯女神。」

她說道：「當時普路托要帶您的女兒到地下去，大地很是不情願地裂開了一道口子。我長居於山林水澤，對這裡非常瞭解，甚至可以數出河底有多少枚鵝卵石、河邊有多少棵成蔭的柳樹、堤岸上有多少朵紫羅蘭。當時我在這裡玩耍，沒過多久河神阿爾斐俄斯（Alpheus）便開始追我。我在前面跑，他在後面追，並試圖阻止我回到噴泉裡的家。我想要擺脫他，便縱身一躍跳進了地下深處的一個洞穴中。在洞中，我看見了您的普洛塞庇娜，她非常傷心，但是沒有表現得很驚恐。普路托將她封為死亡之域的王后。於是，我趕緊回來告訴您這件事情。」

刻瑞斯意識到，只有朱比特出手相助，才能將普洛塞庇娜從黑暗之王身邊帶回來，否則她將會永遠失去女兒。於是，她趕緊召喚戰車趕回奧林帕斯山。但是即便是朱比特，也沒有十足的把握戰勝普路托。

Chapter 26　被擄走的普洛塞庇娜

「如果普洛塞庇娜吃過普路托王國中的食物，那麼命運三女神將會禁止她重新回到地面。」他告訴刻瑞斯，「但我會派行動迅捷的使者墨丘利和春之神一起，去看看能不能救她回家。」

在那段時間裡，無論普路托在普洛塞庇娜面前擺什麼樣的美食，她從不曾嘗過一口。她只是將六粒紅石榴籽放在嘴唇上，將它們壓出汁來解渴。在擁有枯木逢春和鐵樹開花魔力的春之神和穿著飛鞋的墨丘利的努力下，普洛塞庇娜回到了母親身邊。但是普洛塞庇娜每年只能在母親身邊待六個月，因為她吞下了六粒石榴籽，剩下的六個月，普洛塞庇娜必須回到普路托的黑暗王國做他的王后。

沒有人對普洛塞庇娜在黑暗之國的那幾個月表現出過度的擔心，她的母親更是如此。因為每次普洛塞庇娜回到地面上，都會帶來一些奇妙的變化。她的衣服所觸碰到的每一棵樹都長出了綠色的枝葉，她所到之處，都會生長出漫山遍野的青草和鮮花。人們恢復了耕種，穀物的新芽也破土而出。

事實上，在刻瑞斯看來，她的另一個孩子——穀物，正恰如其分地詮釋著她差點失去的普洛塞庇娜的故事。穀物的種子被深埋在地底的黑暗之中，就如同普洛塞庇娜被地下的神擄走一樣。春之神賦予種子新的形態，這似乎是對大地的保佑，就如同普洛塞庇娜被帶回母親身邊，重見天日。

Chapter 27
自作自受的莽夫

　　厄律西克同（Erisichthon）下定決心殺死住在橡樹中的樹神德律阿得斯（Dryades）。

　　厄律西克同是整個希臘最強壯的農夫之一。他非常瞭解穀類女神刻瑞斯和她鍾愛的橡樹神德律阿得斯。那棵橡樹在刻瑞斯喜歡休憩的小樹林裡已經生長了幾個世紀，單單這一棵樹就幾乎形成一片森林。它比其他樹木都高，樹冠甚至延伸至遠處的灌木叢上。它的樹幹長度相當於成年人的前臂長度的 15 倍，樹根幾乎和鐵索一樣堅固。

　　在古老的希臘，人們將它視作一棵神樹。這棵橡樹守護著刻瑞斯的廣袤農田，居住在其中的德律阿得斯是刻瑞斯向農場和果園傳遞訊息的使者。樹神德律阿得斯是一位苗條、美麗而且永保青春的女神。她手上帶著陽光，她將陽光拋灑在哪裡，哪裡就會煥發新的生機。

　　當樹林空無一人、一片靜謐的時候，其他的樹神就會從他們所居住的柏樹、橄欖樹和松樹中輕悄悄地走出來，聚集

Chapter 27　自作自受的莽夫

在橡樹上輕歌曼舞，讚美慷慨善良的穀類女神，感謝她為整個希臘帶來的美好。有時，刻瑞斯的橡樹也會迎來居住在鄉村和城市的人們的拜訪。他們在橡樹樹枝上掛上玫瑰和月桂花環，並在樹皮上刻下對德律阿得斯的感恩和愛戴。

厄律西克同知道這一切。但是他想不花多少力氣就為自己的農場添置一批木材。他認為刻瑞斯的橡樹本就是屬於自己的，因為栽種這棵橡樹的時候是他犁的地。因此，厄律西克同認為自己沒有理由放棄這棵美好的橡樹，即便它是德律阿得斯的住所。於是，他將僕人們召集在一起，發給他們削鐵如泥的斧頭，然後動身前往森林。

當他們到達橡樹底下時，厄律西克同的僕人們猶豫了。這棵大樹看起來像一座神廟一樣恢宏，它的繁茂枝葉遮住了其他的樹木，巨大的樹幹如青銅柱一樣直插雲霄。每個人都記起了刻瑞斯的恩澤，她為人們帶來了蘋果、玉米、葡萄和小麥等饋贈，還提供了最肥沃的土地供他們耕作和種植。

「我們不能砍倒它，這是刻瑞斯非常鍾愛的一棵樹。」一個男人對主人說道。

「我才不在乎它是不是女神所愛。」厄律西克同怒吼道，「如果我把它砍倒，我將不再需要刻瑞斯。有了這些木材，我將變得十分富足，根本不需要再種地。在過去幾年裡，我一直為刻瑞斯勞作，這是她虧欠我的。即便是刻瑞斯攔在我面

前，我也會把她一併砍倒！」他大聲說道。

嘴裡唸叨著不知天高地厚的昏話，這個無法無天的農夫從顫抖的僕人手中奪過一把斧子，朝粗壯的樹幹砍去。厄律西克同有一股蠻力，每次都會砍出一道深深的口子。

當厄律西克同朝德律阿得斯居住的樹中心砍去時，橡樹開始發出痛苦的顫抖和呻吟，但是他無動於衷。他命令僕人將繩子捆在樹枝上往後拉，並繼續砍伐。終於，這棵老橡樹轟然倒地，重重地壓垮了周圍一大片樹木。

當巨大的樹幹躺倒在厄律西克同腳下時，空中傳來了樹枝的哀嘆，就如同夏日微風的呢喃。樹葉也開始舞動，彷彿是有鳥兒飛過一般。隨後，被厄律西克同深深傷害的德律阿得斯飛回了奧林帕斯山上的眾神大家庭。

那些留在小樹林裡的樹神趕緊跑到刻瑞斯那裡彙報了這件事。

「這個人必須受到懲罰！」他們呼籲。

刻瑞斯點頭同意，田野中的穀物也點頭附和，果樹也垂下了枝條。當時正值豐收時節，厄律西克同的農場卻顆粒無收。刻瑞斯還下令不允許鄰居們和他分享收成。

希臘北部被冰雪覆蓋的斯基提亞（Scythia）山地是一片荒無人煙的不毛之地，沒有任何水果或穀物可以生長。這裡居住著寒冷（Cold）、恐懼和戰慄（Shuddering）三個惡神，但

Chapter 27　自作自受的莽夫

是還有一位神比他們三個人更加令人畏懼，她便是飢餓之神（Famine）。她蓬頭垢面、眼睛凹陷、嘴唇慘白、骨瘦如柴，居住在一片僵硬的凍土田野上。在那裡，她用像爪子一樣的手指聚攏起稀疏的牧草，並以此為家。在厄律西克同砍倒了老橡樹後，刻瑞斯派德律阿得斯去尋找飢餓之神。

厄律西克同發現，將木材劈成小塊並運回農場需要一個月的時間。他決定先回家休整一夜，第二天早晨再開始工作。在完成砍樹的艱苦工作之後，他已經飢腸轆轆。但是他的晚餐離奇消失了，連一顆石榴也沒剩下。於是，他決定上床睡覺，試圖在睡夢中忘記飢餓。

「我會在早上賣掉一堆木頭，」他想，「這樣我就有足夠的金幣來購買食物。」

厄律西克同躺倒在沙發上，很快睡著了。這時，飢餓之神從窗戶中飛進來，她盤旋在厄律西克同睡覺的沙發上方，收起翅膀，將毒液注入了厄律西克同的靜脈。隨後，她飛回了斯基提亞，畢竟在豐收的土地上，她沒有其他的差事可以做。

厄律西克同並沒有馬上醒來，而是沉醉在睡夢之中。他的嘴巴一張一合，好像在吃東西一樣，看得出來他在夢中也非常飢餓。第二天早上醒來時，他感覺自己的飢餓要比前一天嚴重了一百倍。

厄律西克同賣掉了一些木頭，並將所有的錢花在了購買食物上。他吃掉了大量的魚肉、禽肉、羊肉、水果和蔬菜，但是，厄律西克同吃得越多，越覺得餓。整個雅典的食物似乎都無法滿足這個男人的胃口，他需要更多的食物。

在賣掉了整棵橡樹的木材之後，厄律西克同開始出售農場的小塊土地，以換取食物來緩解可怕的飢餓感。最後，在賣完所有的土地之後，他不得不變賣自己所有的家具、工具、書籍和花瓶。但即便如此，他依然無法獲得足夠的食物來滿足自己的食慾。於是，他賣掉了自己的房子，在旁邊搭了一座帳篷棲身，但他的飢餓感依然沒有消除。最終，瘋狂的厄律西克同賣掉了他唯一的女兒，讓她成了一名在愛琴海邊撒網捕魚的漁民的奴隸。

女孩深愛著自己的父親。當她在岸邊為主人收集海草時，她的悲傷讓海神涅普頓為之動容。涅普頓將她化身為一匹馬。她回到厄律西克同身邊，希望父親在看到如此美好的動物之後，能重新安家立業好好過日子。但是，她的父親轉手將這匹馬賣給了一輛戰車賽手。女孩逃了出來，再次回到岸邊。涅普頓又先後將她變成一隻雄鹿和一頭耕牛，但是每次她回到家之後，都會被父親賣掉以換取食物。最後，涅普頓將她變成了一隻鳥，這隻鳥飛到奧林帕斯山，再也沒有回來過。

Chapter 27　自作自受的莽夫

最後，厄律西克同終於無法養活自己了，他已經沒有可以變賣的東西了。在強大的飢餓感的驅使下，他就像一隻狂暴的野獸，在刻瑞斯豐饒的田野上上竄下跳，希望能找到一口吃的。

對於所有那些因為破壞了刻瑞斯的法則而被飢餓之神懲罰，並因此傾家蕩產的人而言，除非他們努力恢復被踐踏的秩序，否則一切努力都將於事無補。但厄律西克同是不可能將那棵長了幾個世紀的古樹恢復如初的，所以他最終不得不去往遠離眾神之山的斯基提亞，追隨飢餓之神生活。

Chapter 28
養蜂人阿瑞斯泰俄斯

　　很久之前，在一個名叫阿卡狄亞，如同世外桃源一樣美麗的國家，發生了一件神奇的事情。一位頭髮濃黑，頭戴綠色月桂花環的年輕人坐在一塊岩石上，懷裡抱著一把七弦豎琴，琴弦中流淌出曼妙的音樂。當他彈奏樂曲的時候，一隻讓附近許多牧羊人都恐懼的孤狼從樹林裡走了出來，像一條溫順的大狗一樣在他面前趴下來。接著，附近的橄欖樹開始側頭傾聽，並不斷向他靠攏，直到在他腳邊圍成一個圓圈。音樂家所坐的那塊堅硬的大石頭上長出了柔軟且蒼翠的綠植，風信子和紫羅蘭也鑽出古老的岩石，昂起頭側耳傾聽。

　　當阿波羅之子奧菲斯彈奏起父親贈予的這把七弦琴時，總是會出現這種情況。奧菲斯的音樂有著吸引一切的魔力，不僅是農夫和牧羊人，阿卡狄亞森林中居住的仙女們和原野上半人半羊的農牧神們也會被他的曲調所吸引和軟化，甚至兇猛的野獸也會變得溫順，陶醉在樂曲中無法自拔。

　　奧菲斯再一次撥動他的七弦琴，演奏了一首更曼妙的樂

Chapter 28　養蜂人阿瑞斯泰俄斯

曲。林中仙女歐律狄刻（Eurydice）從森林中輕盈地走出，靜靜地坐在他身旁欣賞。最終，奧菲斯的音樂俘獲了她的芳心，在婚姻之神海曼（Hymen）的牽線撮合下，兩個情投意合的人在一起了，並且希望永生不會分離。

整個阿卡狄亞都被奧菲斯的琴聲迷住了，但有一個人卻打心裡不喜歡音樂，他便是養蜂人阿瑞斯泰俄斯（Aristaeus）。事實上，阿瑞斯泰俄斯眼中容不下任何美好的事物，不管是阿波羅神廟中的雕像和花瓶、織工使用許多柔和色彩裝飾的掛毯、絢爛多彩的野花，還是雨後天空中的彩虹。除了那些流淌著金黃蜂蜜的蜂巢，以及它們的數量和能換取的金幣數量，這個養蜂人對其他任何事情都提不起興趣。阿瑞斯泰俄斯不僅自己不喜歡美好的事物，而且還容不得別人喜歡它們。真是一個性情乖戾的怪老頭，不是嗎？

所以，當奧菲斯開始在阿瑞斯泰俄斯的農場附近彈奏七弦琴時，阿瑞斯泰俄斯感到特別不舒服。當奧菲斯的心上人歐律狄刻找到阿瑞斯泰俄斯，並請求他為他們準備好美味的蜂蜜晚餐時，他更是大為光火。歐律狄刻是如此的溫柔可愛，笑容美豔如花，阿瑞斯泰俄斯卻心生厭惡。他不僅粗暴地拒絕了女神，而且還滿農場地驅趕她。

在這之前，沒有人膽敢如此粗魯地對待歐律狄刻，甚至連潘都親自為她採集鮮花編成花環，而不是將她看作和其他

林中仙女一樣,戲弄一番。但現在的情況是,她在一個距離奧菲斯很近的地方,被一個醜陋而且暴脾氣的鄉巴佬驅趕。歐律狄刻像一陣熱風一樣在前面跑,暴躁的養蜂人在後面拚命追。歐律狄刻跑得很快,她原本可以安全地跑進叢林中,但她不小心踩到了一條盤踞在草叢中的蛇。蛇惡狠狠地在她的赤腳上咬了一口,歐律狄刻毫無防備地栽倒在地上。

「真是活該!」養蜂人憤憤地說道。他沒有去看歐律狄刻傷得有多重,而是轉身回到了他的蜂群之中。

神話故事告訴我們,阿瑞斯泰俄斯是凡間第一個養蜂人。在眾神為凡間創造出小的生靈時,他們同樣創造了蜜蜂,並教會牠們如何在空心樹木或者巖洞中建造自己的家園,如何在花叢中找到花粉並製造出濃郁的金黃色蜂蜜。阿瑞斯泰俄斯是水中仙女昔蘭尼(Cyrene)的兒子,當他剛來到阿卡狄亞時,心中還保留著對潺潺流水與和煦陽光的美好記憶。但在他掌握了如何吸引蜜蜂到他的農場,取出並賣掉蜂蜜賺錢之後,除了生意,所有的東西都被他拋到九霄雲外。正是從那時開始,他變得厭惡奧菲斯,並且對生活中的美好熟視無睹。

「今天有三個蜂巢要分群,」養蜂人在回家的路上盤算著,「這樣的話,蜂蜜應該可以賣一大筆錢。」隨後,他回到果園,來到懸掛蜂巢的那堵牆面前。但眼前的場景讓他大吃

Chapter 28　養蜂人阿瑞斯泰俄斯

一驚，蜂巢連同蜜蜂都消失得無影無蹤——沒有了嗡嗡聲，沒有了螫刺，甚至連一滴蜂蜜也沒有留下！

在接下來的幾天裡，阿瑞斯泰俄斯將整個鄉下地區找了個遍，卻一無所獲。最後，他決定放棄搜尋。和很多遇到麻煩的孩子一樣，他也做了同樣的事情，去找了母親——水中仙女昔蘭尼。

他來到母親居住的那條河的河邊，大聲呼喊母親。

「哦，媽媽，我生命中最為驕傲的東西被人偷走了。我失去了珍貴的蜜蜂。我的付出和技巧換來的是一無所獲，我該如何走出這個不幸的打擊？」

阿瑞斯泰俄斯的母親端坐在水底的宮殿中，侍女在旁邊忙碌著。她們有的在水草中紡紗並編織出美麗的圖案，有的在鵝卵石上繪畫，還有一名在講故事，逗得其他人哈哈大笑。但是養蜂人悲傷的聲音打斷了她們。聽到水面傳來的抱怨，昔蘭尼讓一名侍女浮出水面。侍女看到是阿瑞斯泰俄斯，趕緊回到水底報告。昔蘭尼差人將阿瑞斯泰俄斯帶到了河底。

在昔蘭尼的命令下，河流閃開了一條通道，像兩座大山一樣站立在一旁，讓阿瑞斯泰俄斯透過。養蜂人來到河底，那裡是很多大河的源頭所在。他看到了巨大的岩石河床，水從那裡湧向四面八方，供應地面上的河流，所發出的聲響震

耳欲聾。隨後，阿瑞斯泰俄斯來到用貝殼和石頭建造的宮殿，走進母親的房間，訴說他所遇到的麻煩。

久居於生命之源水域的昔蘭尼自然是富有大智慧的。她馬上意識到自己的兒子犯了一個錯——將美和實用生硬地割裂開了。阿卡狄亞固然需要蜂蜜，但也需要奧菲斯和他的詩琴。眾神就是因為他的利慾薰心而懲罰了他。但他畢竟是自己的兒子，昔蘭尼決定幫助阿瑞斯泰俄斯走出困境。

「我的兒子，你應該去找老普羅透斯（Proteus），他是為海神涅普頓飼養海豹的牧人。」昔蘭尼說道，「他會指引你如何找回蜜蜂，因為他是一個偉大的先知。但是，你必須對他來點硬的，他才會幫助你。如果你有機會抓到他，就要立即把他捆起來，他會透過回答你的問題來換取自由。我會引導你去他每天中午小憩的山洞，這樣你可以很容易地抓到他。當他發現自己被鎖鏈捆住的時候，可能會發出像火焰爆裂一樣的啪啪聲，嚇得你鬆開鎖鏈；或者會化身為一頭野豬、一隻猛虎、一頭張著血盆大口的獅子、一條吞噬一切的巨龍，但你要做的就是牢牢捆住他。當他發現這些伎倆都無濟於事的時候，就會恢復原來的模樣，並對你言聽計從。」

昔蘭尼將阿瑞斯泰俄斯帶到河邊的一處洞穴中，並告訴他藏身在岩石後。隨後，她自己飄向天空，躲在雲朵後面。剛過正午，年邁的普羅透斯便從水中上了岸，他身上還掛著

Chapter 28　養蜂人阿瑞斯泰俄斯

淌著水的綠色水草，身後跟著一群海豹，牠們在海灘上散開曬太陽。牧人清點完海豹的數量，就坐在山洞的地面上休息，不一會兒就伸展了身體，進入了夢鄉。阿瑞斯泰俄斯耐心地等到他開始打鼾，才用專門準備的粗重鎖鏈捆住了他。

普羅透斯一覺醒來，發現自己被捆住了。他像海灣中那些狂野的動物一樣憤怒地掙扎。隨後，他開始噴射火焰，變成各式各樣的恐怖動物，但阿瑞斯泰俄斯從未放鬆過捆住他的鎖鏈。最終，普羅透斯變回原形，憤怒地質問阿瑞斯泰俄斯：「你到底是誰，膽敢闖入我的領地！你想要幹什麼？」

「你已經知道了，」養蜂人回答道，「因為你擁有先知的力量。沒有什麼能瞞得過你。我失去了我的蜜蜂，我希望找回牠們。」

聽到這些話，先知怒目圓睜，直盯著阿瑞斯泰俄斯看。

「你的麻煩是自找的。眾神之所以懲罰你，是因為你殺死了歐律狄刻。」他說道，「為了報仇，她的仙女同伴們毀掉了你的蜂巢。」

「我殺了歐律狄刻？」阿瑞斯泰俄斯驚訝地問道，「她再也聽不到奧菲斯的音樂了嗎？」

「是的，但不是在阿卡狄亞。」普羅透斯解釋道，「她被毒蛇叮咬之後，不得不獨自前往冥王普路托的黑暗領地。奧菲斯將他的悲傷演奏給天空的眾神和地面的眾人聽，並開始

瘋狂地尋找歐律狄刻。他穿過成群的惡鬼，進入暗無天日的冥河（Styx）境界。在普路托的王座前，他奏出了希望歐律狄刻回到自己身邊的渴望，連命運三女神都感動得淚流滿面。」

「普路托被奧菲斯的音樂打動，將歐律狄刻叫到了他的面前。她拖著受傷的腳，一瘸一拐地來到奧菲斯面前。如今，他們一起徜徉在神的幸福田野中。他們相互引導，相互攙扶。朱比特將奧菲斯的七弦豎琴安放在了群星之中。」

當阿瑞斯泰俄斯聽完這個故事時，懊悔地癱倒在地上。

「那我應該怎麼做，才能彌補我的罪過，並消解眾神的憤怒？」他問道。

「你可以利用自己的造詣，為他們兩個在阿卡狄亞的鄉村建造一座神廟，那裡是他們非常鍾情的地方。」普羅透斯回答道，「回家吧，暫時忘記你曾經的成就，去尋找合適的石材，為他們建造祭壇。」

養蜂人照做了。他發現自己愛上了這項工作，他喜歡切割和拋光寶石，直到它們可以媲美希臘任何一座神廟的寶石才心滿意足。當他在樹林中為神廟挑選木材時，不管是鳥兒的歌唱、溪流的漣漪，還是拂過樹葉的微風，都會讓他聯想到奧菲斯的七弦豎琴發出的曼妙音樂。他發現這一切都非常美妙。

Chapter 28　養蜂人阿瑞斯泰俄斯

　　在美麗祭壇建成後不久,阿瑞斯泰俄斯目睹了一場奇蹟。春暖花開,附近的果園中繁花怒放,潔白如雪而且芳香撲鼻。他的所有蜜蜂都回來了,在歐律狄刻神廟的周圍開始建造新的蜂巢。

Chapter 29
樹神波摩納的果園

　　波摩納（Pomona）是一位樹神。一開始，維納斯給了她一棵野蘋果樹安家。波摩納在蘋果樹枝葉的廕庇下長大，並悉心呵護著這棵蘋果樹。冬天，她保護花蕾免受風雪嚴寒的打擊；春天，她為自己穿上用粉紅色蘋果花製作的衣服；秋天，她親手採摘下豐收的碩果。她發現她對這棵果樹的熱愛遠超於生命中的其他事物。最後，波摩納種下了地面最早的一片果園，並住在果園中精心打理。

　　樹神是眾神們最喜歡的孩子，她們生活在古老的樹林和果林中，每一位樹神都住在專屬於自己的樹上。她們穿著飛揚的綠色服裝，在林間的小路上翩然起舞，步履如風一樣輕盈。她們會和著潘的笛聲放聲歌唱，也會笑著躲開半人半羊的農牧神的追趕。但是波摩納很少和她們在一起，森林中的樹神們都知道她忙著栽種供眾神享用的水果。

　　在她栽種的果樹上，深綠色的葉子中間掛著金黃色的橘子和明黃色的檸檬。除了香橼和酸橙，她還栽種了大片的羅

217

Chapter 29　樹神波摩納的果園

望子樹。這對希臘醫生埃皮克提圖（Epictetus）而言，是一個巨大的寶藏，因為他需要用羅望子樹的果實為高燒的病人降溫。

那些藏身於苔蘚後的林中居民會爬到波摩納果園的牆頭，看著她在果園裡忙活。他們是一個很奇怪的群體。潘來自阿卡狄亞，在那裡他是司掌牧群和牧人的神。他用河流中的蘆葦製成笛子，吹奏出最歡快的音樂。他的音樂中有婉轉的鳥鳴聲、潺潺的溪流聲和輕拂的微風聲。潘和他的半人半羊農牧神家族一起來到森林中。他們的身體上長滿了毛髮，頭上頂著犄角，有著形狀如羊蹄的腳。潘和其他的農牧神有著一樣的奇怪外形，但他的頭上戴著一隻松樹花環，以表明他的與眾不同。

在一年中的大部分時間裡，這些半人半羊農牧神們和波摩納的樹神姐妹們都會滿心期待地關注著果園，從春木發枝到秋果纍纍。看著波摩納打理果樹是一樁賞心悅目的事情。她手裡隨時會拿著一把修枝刀，就如同朱比特拿著自己的權杖一樣，臉上寫滿了驕傲和自豪。她使用修枝刀剪掉過於繁密的樹葉和畸形的樹枝，有時還會熟練地剪下一段小枝，然後嫁接到另外一棵樹上，嘗試培育出新的更甜美的水果。

波摩納甚至專門引來清澈的溪水澆灌果樹，以使它們免受乾旱之苦。波摩納早就將自己視作果園的一部分。她經常

頭戴用鮮豔的水果製作的花冠，懷中抱著一大堆蘋果，它們的顏色和大小堪比赫斯珀里得斯仙女們金蘋果園中的蘋果。

樹神和農牧神們懇求波摩納送他們一些蘋果，哪怕一顆也行。但是波摩納全部都拒絕了。看著自己的果園一點點變成現在的完美狀態，她變得自私起來，哪怕是一顆蘋果，她都捨不得給別人。因此，她總是緊鎖大門，於是，那些林中居民們只好悻悻而歸。

在那段日子裡，維爾圖努斯（Vertumnus）是司掌季節的其中一個小神。在聽說了波摩納果園的盛名之後，他突然萌生了加入果園，和波摩納一起打理果園的想法。於是，他派出一些鳥兒為使者，向波摩納表達了自己的意向。但是和潘的那些兄弟以及波摩納的那些姐妹一樣，他也遭到了拒絕。波摩納決心已定，她不會和世界上任何人分享自己的果園。

但維爾圖努斯不是一個輕言放棄的人。他會變身術，於是決定喬裝打扮，看能不能贏得波摩納的同情，讓她用水果交換一些穀物。金秋十月的一天，豔紅和金黃的大蘋果壓彎了枝頭。果園門口來了一位剛收穫完莊稼的農夫，他為波摩納帶來了一籃子的玉米穗。

「我不要錢，」他對女神說，「妳只需要用一籃子水果來換就行。」

「我的水果是不會送人的，也不會拿來交換。它們都是屬

Chapter 29　樹神波摩納的果園

於我一個人的，除非有人能把它們搶走。」波摩納回答道。

第二天，一位農夫在果園前停了下來，手裡拿著一隻趕牛棍。他看起來是剛將自己的牛從乾草車的車軛中解放出來，讓牠們在河邊休息，然後來討一點吃的喝的。波摩納請他進入果園休息，但是沒有給他哪怕是一顆蘋果。太陽快要落山的時候，她開始催促這位不速之客離開。

在接下來的幾天裡，維爾圖努斯換了多種偽裝來接近波摩納。有一次，他拿著一把修枝刀，扛著一把梯子，假裝自己是一名葡萄園丁，並向波摩納表達了自己願意爬上樹幫她收穫蘋果的想法。隨後，他又假扮一名需要施捨的退伍老兵，希望用一根釣竿和一些魚換一隻蘋果。每次維爾圖努斯喬裝出現之後，波摩納就會發現自己變得更加漂亮了，果園的收成也更好了。但是她收穫得越多，就越貪婪。她依然拒絕分享蘋果，半個也不行。

最後，當葡萄藤上被充盈著紫色汁液的葡萄壓彎了腰，差點就要貼到地面上的時候，一個陌生的老婦人蹣跚地沿著大路走到了波摩納的果園門口。她的頭髮蒼白，靠一根枴杖才勉強能站住。波摩納打開了門，將這個乾癟的老婦人請進來。老婦人坐在水渠邊，欣賞著這些果樹。

「妳值得為妳的果園驕傲，我的孩子。」她對波摩納說。

隨後，她指向一棵纏繞在老橡樹樹幹和枝椏上的葡萄

藤。橡樹粗壯而且結實，葡萄藤牢靠地攀附在上面，結出一串串紫色的葡萄。

「如果沒有依靠，」老婦人向波摩納說道，「任何一棵葡萄樹都沒法結出果實。除了那些一無是處的葉子，什麼也沒有。如果沒有別的樹可以依靠，那麼它只能匍匐在地上。」

「妳應該從葡萄藤身上吸取教訓。如果妳肯打開大門歡迎維爾圖努斯，妳的果園肯定會更加豐收。就像是葡萄藤要依靠橡樹一樣，他可是司掌季節的神。眾神們樂於分享他們給凡間的饋贈，只為自己活著的人注定是不能長久的。」

「和我說說這個維爾圖努斯吧，老人家。」波摩納好奇地問道。

「我就像瞭解自己一樣瞭解他。」老婦人回答道，「他不是一個居無定所的神，而是屬於我們這片美麗土地的山丘和牧場。他年輕英俊，可以幻化成任何自己希望的樣子。他和妳有著相同的愛好──園藝和打理果園。維納斯賜給妳一棵蘋果樹，讓妳有了一個家。但是她不喜歡鐵石心腸的人，如果妳依舊堅持不讓任何人分享妳的果園，她可能會召喚霜凍來摧毀剛結出的果實，並颳起大風將果樹的枝條折斷。」

波摩納驚恐地握緊了雙手，她突然領悟到老婦人所說的道理。她記得有一年春天，暴風雨捲著冰雹將蘋果花打落；而有一年秋天，還不等她收穫蘋果就遭遇了霜凍。

Chapter 29　樹神波摩納的果園

「我將向這個國家的所有人，甚至是陌生人開放果園。」她說道，「如果維爾圖努斯依然願意和我一起打理果園的話，我將在這裡恭候他。」

正當波摩納說話的時候，老婦人站起身來。她的白髮變成了一縷縷的黑髮，滿是皺紋的臉變得紅潤，因趕路而汙跡斑斑的外套變成了黃褐色的園丁服，手中的枴杖也變成一把修枝刀。對於波摩納而言，維爾圖努斯猶如一道刺穿烏雲的陽光一樣，出現在了她的面前。她以前從未仔細打量過維爾圖努斯，她那雙自私的眼睛其實從來沒有正眼看過任何人。維爾圖努斯和波摩納開始共同收穫，並打開了果園的大門，歡迎人們來分享收穫的喜悅。

隨後，農牧神們在潘的笛聲伴奏下熱烈地跳起舞來，樹神們也在樹幹中找到了新家。維爾圖努斯和波摩納在果樹和藤蔓的修枝、剪枝和嫁接中通力合作，季節神們則確保一年四季都風調雨順。

河神阿刻羅俄斯專門繞道維爾圖努斯和波摩納的果園，他還請來了豐收女神（Plenty）。豐收女神的豐收號角被蘋果、梨、葡萄、橘子、李子和香櫞等各式各樣的水果填滿，直到再也裝不下為止。自從在金秋十月波摩納開放了她的果園並和大家分享蘋果開始，這裡就一直充盈著美好、豐收和歡聲笑語。

Chapter 30
凡人賽姬與愛神邱比特

　　很久很久以前，一位希臘國王有三個漂亮的女兒。其中，賽姬（Psyche）是最小的，也是最美麗的。她那可愛的面龐和全身所散發的魅力如此之大，以至於來自鄰國的陌生人都爭相目睹。他們以致敬維納斯（Venus）的方式對待賽姬。每當賽姬經過時，人們都會為她高唱讚歌，並且在她前面的道路上灑滿鮮花和花環。維納斯的神廟慢慢地被人們遺忘了。

　　維納斯有一個兒子，名叫邱比特（Cupid）。與奧林帕斯山上的其他神和凡間的凡人相比，他是維納斯最親近最喜愛的人。和每個母親一樣，維納斯對邱比特的未來有很高的期望。但是，邱比特並不太受她的管教。他長有一雙翅膀，經常手拿自己金色的弓箭和凡人玩耍。當維納斯發現兒子與凡間的美麗少女賽姬墜入愛河時，滿腔的怒火終於爆發了。王子和平民之女結婚雖然是童話故事中的經典情節，但是由於卑微的出身，王子是沒法將她帶回王宮。同樣，維納斯根

Chapter 30　凡人賽姬與愛神邱比特

本不承認賽姬的地位,也沒有在眾神的大家庭中為她留一席之地。

但是邱比特和賽姬在凡間有一處非常美妙的宮殿。宮殿有金色柱子支撐的穹頂,房間的牆壁上掛著五顏六色的繡花掛毯。當賽姬需要食物的時候,她只需要坐到一間小屋中,一張餐桌就會自動出現在她面前,上面擺滿了稀有的水果、美味的蛋糕和蜂蜜,根本不需要僕人動手。如果她想要欣賞音樂,就會有看不見的詩琴奏響美妙的樂曲,還伴隨著悅耳的合唱。但是奢華的生活沒有讓賽姬感到開心,因為大部分的時間她都獨身一人。維納斯不能完全將邱比特從賽姬身邊帶走,只允許他在晚上和賽姬待在一起。在天亮之前,邱比特必須離開。

賽姬的家族中流傳著一個可怕的預言,也是國王得到的一個神諭:「你最小的女兒注定會屬於一個怪物,不管是神還是凡人都拿牠沒有辦法。」

一想到這裡,賽姬的心中就充滿了恐懼。她的姐姐們向她詢問關於丘比特的各種問題,賽姬不得不承認自己無法確切描述他,因為她從未見過他白天的樣子。於是,嫉妒的姐姐們立刻開始用陰暗的揣測洗腦賽姬。

她們問道:「妳怎麼敢保證,妳的丈夫不是一條可怕的毒蛇?他雖然暫時會拿這些美食哄妳開心,但說不準最後妳將

成為他口中的美食。聽我們的沒錯。今晚,為自己準備一盞裝滿油的燈。當這個傢伙回來睡覺的時候,進入他的房間,看看我們的推測是不是對的。」

賽姬試圖拒絕姐姐們的提議,但是她們不依不饒,激起了賽姬強烈的好奇心。她把燈裝滿了油,在丈夫入睡之後,默默地走到他的臥榻前,將燈舉過邱比特的頭頂。

邱比特躺在那裡。他是眾神中最美麗的一個,全身上下都散發出優雅!他有著純淨如雪的額頭和緋紅如桃的臉頰,頭頂金色的捲髮如同一隻王冠。一對翅膀從他的肩膀伸出,翅膀的羽毛如同果園中柔軟的白色花朵。感覺邱比特沒有什麼好怕的,賽姬鬆了一口氣,將身體湊上前去。她將油燈稍微傾斜了一點,以便更清楚地欣賞邱比特的面龐。但正當她彎下腰時,一滴滾燙的油落在了邱比特的肩膀上。邱比特猛地驚醒,睜開眼盯著賽姬。隨後,他不發一言,張開寬大的翅膀,朝著窗外飛去。

賽姬試圖追上去,但是她沒有翅膀,只能跌落在地面。邱比特停了下來,轉身看到賽姬躺倒在地上,激起塵土飛揚。

「愚蠢的賽姬,」他說道,「妳為什麼要以這種方式回報我的愛情?我為了妳敢違抗母命與妳結婚,妳為何還不能相信我?我不會對妳有任何懲罰,但我會永遠離開妳,因為愛

Chapter 30　凡人賽姬與愛神邱比特

情容不下半點懷疑。」說罷，邱比特飛離了賽姬的視線。

賽姬不得不踏上漫長的尋夫之路。她日夜兼程，追隨邱比特的足跡，不吃不喝，不眠不休。一天，她看到高聳的山頂上坐落著一座宏偉的神廟，便千辛萬苦地來到它的面前，對自己說：「也許我的愛人就住在這裡。」

當賽姬進入神廟時，映入她眼簾的是大量的玉米，其中一些已經被捆在一起，而另一些則雜亂地堆在一旁，有的還和大麥混雜在一起。鐮刀、耙子還有所有其他的收穫工具都散亂著，似乎收割者在結束一天的勞作之後，已經無力去整理。儘管賽姬很悲傷，但是她實在無法忍受這種混亂，於是開始整理。她是如此的專注，以至於沒有注意到神廟的主人穀類女神刻瑞斯的出現。最後，賽姬看到這位帶來豐收的女神，她穿著水果鑲邊的衣服，站在她的身旁。

「可憐的賽姬！」她憐憫地說道，「或許妳可以嘗試去眾神的居所，邱比特的家就在那裡。去向維納斯服個軟，並嘗試用自己的行動來贏得她的寬恕，說不定她還會幫助妳。」

賽姬採納了刻瑞斯的建議，雖然這需要很大的勇氣。終於，她來到維納斯位於底比斯的神廟。維納斯雖然很生氣，但還是耐著性子接見了她。

「不幸的賽姬，」她說道，「要想獲得眾神的支持，妳只能靠自己的努力。至於我，還將考驗妳持家的技能，看看妳

是否能任勞任怨。」

說完這些話，維納斯將賽姬帶到了與她的神廟連通的倉庫。倉庫中堆放了大量的糧食，還有維納斯餵鴿子用的黃豆、扁豆、大麥、小麥和小米。

「去將所有這些穀物區分開來。」女神對賽姬說道，「同類的放到一堆，妳需要在晚上之前完成。」說完，她便離開了，倉庫中只剩下面對幾乎不可能完成的任務而驚愕的賽姬。

賽姬將手指插入金色的穀物中抓了一把，花了很長的時間才完成分類。而她的四周依然是成山的穀物。她所完成的，不過是滄海一粟而已。

「我根本完不成，我再也見不到我的丈夫了！」賽姬哀嘆道。

但她還是堅持著做下去。最後，一隻生活在土地中的小螞蟻恰巧經過。牠在爬過地板的時候，看到了悲痛欲絕的賽姬，頓時心生憐憫。牠是這片領地的螞蟻國王，身後跟著無數紅色的子民。螞蟻們將穀物一粒粒分開，整齊地一堆堆放好。工作完成之後，螞蟻們迅速離開了，就像牠們的突然出現一樣。

傍晚時分，維納斯從眾神的宴會上回到神廟。她頭戴著玫瑰花的花冠，渾身散發著甘露的芬芳。看到賽姬已經完成

Chapter 30　凡人賽姬與愛神邱比特

任務,她幾乎不敢相信自己的眼睛。

「妳一定是找了幫手了,」她說道,「我明天將給妳更艱鉅的任務。在我的神廟之外的河邊有一大片草地,那裡有一群背上長著金色閃亮羊毛的綿羊,但是沒有哪個牧人能駕馭得了牠們。妳要從每隻綿羊身上採集一些珍貴的羊毛,然後帶回來交給我。」

賽姬再次接受了任務,但這是一次需要冒著生命危險,並要求極大耐心的考驗。當她來到那片草地上時,河神透過燈芯草小聲地向她發出了警告。

「當太陽照在綿羊身上時,千萬不要到羊群中冒險。」河神告訴賽姬,「太陽冉冉升起的時候,所帶來的炙烤會點燃公羊的怒火,然後牠們會用鋒利的牙齒將凡人撕碎。但是等到黃昏的時候,妳會在灌木叢和樹幹上發現牠們的金色羊毛。」

在仁慈的河神的幫助下,賽姬再一次完成了維納斯的任務。傍晚時分,她抱著一大堆金羊毛回到了神廟。

但維納斯仍不滿意。

「下面是第三項任務,」她告訴早已疲憊不堪的賽姬,「把這個盒子帶到普路托的領地,然後把它交給普洛塞庇娜,並對她說:『我的女主人維納斯,希望妳能贈予她一些美貌,她因為照顧被賽姬燙傷的兒子而損失了一些容貌。』但妳必須

要快,在下次我去奧林帕斯山和眾神聚會的時候,我需要用到它。」

賽姬感覺這次真的是凶多吉少。通往陰森恐怖的普魯托地下王國的道路危險重重,有些甚至是致命的。但是賽姬決定重新鼓起勇氣,去面對每一項必須應對的挑戰。她帶著盒子動身出發了,有驚無險地通過普路托的三頭看門狗克爾柏洛斯(Cerberus)的把守。她還戰勝了擺渡人卡戎(Charon),讓他載著自己渡過黑暗的河流。最後,她成功說服普洛塞庇娜裝滿盒子,重新回到光明之地。

如果賽姬不好奇的話,事情將會順利得多。正因如此,她回到神的居所的道路變得更加漫長和艱難。賽姬雖然心地善良,但畢竟是個凡人。在完成了這項危險的任務之後,她想要打開盒子看一看。

「我只需要其中的一點點美麗,」賽姬心想,「這樣邱比特再看見我時,我會更加漂亮。」

於是,她小心翼翼地打開了盒子,裡面根本沒有任何美麗,而只有一小瓶藥水。因為這瓶藥水,賽姬昏睡在路旁,沒有動作,沒有呼吸,也沒有記憶。

所幸,邱比特找到了她。他的傷口已經癒合,對她的思念也與日俱增。他從維納斯的宮殿的窗縫中溜了出來,直奔地面上賽姬昏睡的位置。他將那些致命的睡眠魔法從賽姬體

Chapter 30　凡人賽姬與愛神邱比特

內抽出，重新裝回盒子中。隨後，邱比特用箭輕輕觸碰了賽姬，將她喚醒。

「妳的好奇心差一點再次害死妳。」賽姬向邱比特伸出手臂，邱比特說道：「但好在妳完成了母親交代的任務，剩下的事情交給我吧！」

邱比特像鳥兒一樣快速飛回奧林帕斯山，懇求朱比特接納賽姬。最終，朱比特同意讓這個凡人的女兒加入眾神的大家庭。他派使者墨丘利將賽姬帶回來，並給她一杯芬芳的甘露，讓她完成從人到神的轉變。

據說，當賽姬動身前往奧林帕斯山的時候，是一個長著翅膀的生物，有人說是凡間從未見過的漂亮蝴蝶，從一座花園中翩然飛出，張開有力的翅膀朝太陽飛去。於是，人們將賽姬的故事視作另一個破繭成蝶的故事。普賽克服重重困難，挺過普路托的睡眠魔咒，終於在眾神中有了一席之地。在希臘語中，賽姬這個名字還有另外一重含義──靈魂。

Chapter 31
墨蘭浦斯與他的動物朋友

　　希臘人墨蘭浦斯（Melampus）的屋前有一棵空心橡樹，裡面住著一窩大蛇。

　　墨蘭浦斯是一位農民，尤其擅長種莊稼和打理果樹，並且喜歡一切在野外生活的事物。甚至連一隻扛著一粒沙急匆匆趕往蟻巢的螞蟻，他都不忍心捏死。雖然他並不喜歡蛇，但是他認為牠們住在一棵無人問津的樹中沒有什麼問題。

　　「除非我們打擾到牠們，否則牠們是不會傷害我們的。」墨蘭浦斯告誡他的僕人們，「讓牠們待在那裡吧！或許，等天氣暖和一些，牠們自己就跑到附近的沼澤地裡了。」

　　但是，墨蘭浦斯的僕人們並不像他一樣肯定這些蛇是沒有威脅的。

　　「我們的主人現在像個老小孩一樣糊塗。」他們嘀咕道，「等下次他趕著車去城裡送糧食的時候，我們就把蛇的老窩處理了。」

Chapter 31　墨蘭浦斯與他的動物朋友

　　他們說到做到。墨蘭浦斯離開之後，他們一把火將蛇窩燒了個精光，至少他們是這樣認為的。那天下午，從城裡回來的墨蘭浦斯坐在涼棚下休息，並享用麵包和葡萄晚餐時，突然感覺到一雙黑眼睛在草叢裡凝視著他。隨後，草叢中探出一個圓圓的綠色腦袋，接著是一段長長的身體。那是一條年幼的大蛇，所幸在蛇窩被燒毀的時候沒有受傷，於是牠到主人這裡尋求保護。墨蘭浦斯警惕地觀察了周圍，確認沒有人注意到他。

　　「不管哪個僕人看到我，都會認為我是瘋了。」他對自己說道，「但我為這個小傢伙的遭遇感到難過，並決定和牠成為朋友。」在確認周圍沒有人之後，他將一片麵包掰成小塊，扔給了那條年幼的大蛇。在吞下最後一塊麵包之後，大蛇心滿意足地爬開了。牠是如此的悄無聲息，除了爬過的青草上留下一道長長的線，沒有留下任何痕跡。

　　第二天，那條大蛇又來了。第三天也是如此。牠看起來總是飢腸轆轆，每次都昂著頭，用牠那好奇又明亮的眼睛盯著墨蘭浦斯看。直到有一天，當墨蘭浦斯像往常一樣掰碎麵包和牠分享的時候，突然聽到一個聲音：「眾神一直在考察你的友善，墨蘭浦斯。」

　　那個聲音繼續說道：「他們決定以你最喜歡的方式犒賞你——已經賜予了你聽懂野生動物語言的能力。」

墨蘭浦斯環顧四周，沒有發現一個人。隨後，他的目光和大蛇的目光相對，突然意識到剛才是牠發出的聲音。對於墨蘭浦斯而言，奇妙的經歷才剛剛開始，因為眾神賜予了他一份如此美妙的禮物。

那天之後，那條大蛇再也沒有出現過。但是就在當天晚上，一隻樹蟾和墨蘭浦斯說話了。

墨蘭浦斯將麵包掰成小塊，餵給年幼的大蛇

「為你的橄欖樹澆透水，墨蘭浦斯。」蟾蜍說道，「旱季馬上要來了。」

Chapter 31　墨蘭浦斯與他的動物朋友

　　這真是一條及時的警告。墨蘭浦斯有一片橄欖樹苗，需要非常精心的呵護。墨蘭浦斯為樹苗噴了水並為樹根澆了水。他非常感激樹蟾的建議。

　　在連續好幾天的乾燥天氣之後，當墨蘭浦斯正走在去城裡的路上時，路邊的一隻蚱蜢和他說話。

　　「快回去，墨蘭浦斯。回去把麥堆收到倉庫裡。」蚱蜢說道，「朱比特準備讓凡間降一場雷雨。」

　　事實的確如此。墨蘭浦斯剛回到莊稼地，招呼僕人將成熟的麥堆蓋好，天空便陰沉下來，山頂傳來隆隆的雷聲。一時間狂風大作，暴雨傾盆，但是墨蘭浦斯卻保住了自己的收成。

　　從那之後，所有的野生動物都會和墨蘭浦斯交談。墨蘭浦斯膝下無兒無女，這帶給了他莫大的慰藉。如果他在森林中一片長滿苔蘚的河岸坐下來休息，他的動物朋友們會馬上圍攏過來。小野蜂會落在他面前的一根樹枝上，告訴他周圍哪裡有淌著金黃蜂蜜的蜂巢。蝴蝶會停在他那沾滿泥土的手上，告訴他哪條小溪旁有一大片黃色的水仙花。灌木叢中的小鳥會為他歌唱，歌聲中講述了潘和樹神們的快樂時光，並告訴他如何找到叢林深處他們經常聚會的場所。

　　墨蘭浦斯一生中從未有過如此歡愉的時光。他是一位出色的農夫，每年農場的收成都不錯。與野生動物們幫他找到

的特別食物相比,他更珍惜與牠們之間的友誼。於是,他更頻繁地來到樹林和田野中,與那些野生動物聊天。

又是一個收穫的季節,墨蘭浦斯將夏小麥拉到集市上賣了一大筆錢。在返程的路上,他經過一段杳無人煙的森林小徑,滿心希望能聽到潘那歡快的樂曲在林中迴響。他根本沒有注意到危險的靠近。他的頭突然被重重地砸了一下,整個人癱倒在地上,賣小麥的錢也被搶走了。隨後,他被綁得動彈不得,扔到馬背上帶進了森林的深處。

這片森林並不是潘和他的朋友們居住的地方,而是一片黑暗、陰森的森林。周圍是如此的安靜,以至於樹枝掉落在地面的聲音都猶如利劍擊碎目標一樣響亮,除了他們,沒有任何人經過。強盜們將他帶到了一座像監獄一樣的堡壘裡。堡壘從屋頂到地板都使用橡木板建造,非常古老。堡壘的外面完全由常青藤覆蓋,看起來就像是森林的一部分。

墨蘭浦斯被關在一個小屋中,周圍的牆上只有一扇小窗戶。他看不太到那些把自己劫持到這裡的傢伙,因為他們只是每天一次地將乾硬的麵包皮扔進來。但是他可以聽到他們數搶來的錢幣和罵罵咧咧的聲音。接著,他聽到了鎧甲碰撞和擊劍的聲音。

「他們要殺了我。」他想。他茫然地看著牆上陽光勉強才能透進來的狹窄縫隙。

Chapter 31　墨蘭浦斯與他的動物朋友

「如果我能夠向林中的鴿子招手，告訴牠我的困境，牠可能會向我的朋友們傳遞訊息。」他嘆了口氣，「或者我可以找啄木鳥將窗洞擴大，這樣我就可以逃出去了。」

就在這時，墨蘭浦斯聽到房間天花板的頂梁上傳來沙沙聲，接著一個很小的聲音對他說。

「我們可能比任何其他生物都擅長教您如何逃脫。」牠說道，「這麼多年來，這片森林一直屬於我們。雖然我們很小，但只需要很短的時間，我們就可以讓這裡灰飛煙滅，重新變成適合樹木生長的土壤。」

墨蘭浦斯大吃一驚。他環顧四周，卻什麼也沒有發現。

那個聲音繼續響起：「任何木頭，或者居住在木頭房子裡面的人，都不能抵禦我們所帶來的危險。我們已經在這座堡壘的橫梁和其他木頭中蛀了成千上萬個孔。現在它們中間已經被挖空，整座堡壘已經搖搖欲墜了。」

突然，墨蘭浦斯發現了聲音的來源。透過頭頂上一根橫梁的一個節孔，一隻木蛀蟲正在凝視著他。木蛀蟲和同伴們已經掏空了建造堡壘的木板，現在它甚至還沒有一座紙糊的小屋安全。

「我們注定要在劫難逃。」墨蘭浦斯告訴當晚為他送來食物的那位強盜。

「在劫難逃，什麼意思？」強盜驚恐地問道。和大部分同夥一樣，他也只是外強中乾而已。

墨蘭浦斯指給他看那些已經被蟲蛀成空洞的木頭。強盜立即招呼同夥，讓他們知道現在所面臨的危險。他們決定必須立即逃離堡壘，並且放走墨蘭浦斯。在堡壘中再待上幾個月無疑是很危險的，在冬季暴風雪過後，堡壘就會轟然崩塌，成為螞蟻和蟋蟀冬季的藏身之所。墨蘭浦斯回到了農場，繼續和那些昆蟲、鳥類和四足動物朋友們暢談。他是第一個擁有這類朋友的凡人。他的行為，也感染和影響了其他人，他們也在善待這些看似微不足道的野生動物中獲得了快樂。

Chapter 31　墨蘭浦斯與他的動物朋友

Chapter 32
變成熊的女獵手

　　雖然朱諾貴為眾神的王后，但她有著和凡人一樣的致命弱點。她的嫉妒心極強，尤其是對凡間的美麗少女。她總擔心有朝一日，她們的美貌會俘獲朱比特，讓他在奧林帕斯山眾神的大家庭中為她們安排一席之地。所以，朱諾在第一次看到女獵手卡利斯托（Callisto）時，便打從心底裡排斥她。

　　朱諾其實很羨慕卡利斯托的生活，能夠無憂無慮地漫步在叢林中，那裡有潘彈奏著曼妙的音樂，樹神（Dryads）們一年四季快樂地打鬧嬉戲。朱諾甚至嫉妒卡利斯托無憂無慮的快樂生活。畢竟，她每天可以專注於追趕獵物，不用擔心被一些王室的職責所打擾；也不用頭戴笨重的王冠，而任憑微風拂過那飄逸的黑色長髮。卡利斯托非常尊重朱比特和朱諾這些大神，她無論如何也想不到自己會引起朱諾的不悅。有一天，一樁可怕的事降臨在她身上。

　　她剛剛拉滿弓，準備沿著森林裡筆直的綠色小徑射一支

Chapter 32　變成熊的女獵手

箭。但是她的手突然僵住了,然後跪倒在地上。她用手撐住地,嘗試著重新站起來,卻發現雙手變得厚重,並長出了長長的黑色毛髮。她的手掌變得渾圓,並長出了彎曲的爪子,雙腳也是如此。她曾經甜美圓潤,讓小鳥也為之著迷的嗓音,也變成了可怕的咆哮。

卡利斯托盡可能直起身來,高舉著雙爪,乞求眾神的憐憫。她哀嘆命運的不公,並發出令人膽寒的嘶吼。她曾經可以勇敢地對抗那些滋擾森林的獅子和野狼,現在卻感覺自己只能任憑牠們擺布。卡利斯托馬上意識到發生了什麼。她已經不再是凡人,而是變成了一隻野獸──朱諾成功地說服了朱比特,讓他把卡利斯托變成了凡間的第一頭熊。

卡利斯托從來不喜歡晚上待在森林裡,但是她現在無家可歸,只能在黑暗中遊蕩,並且還要受其他野獸的驅逐。要知道,這些野獸曾經都是她的手下敗將。

她遇到了曾經跟隨自己的獵犬,但是驚恐地從牠們面前跑開了。她之前習慣於射出一支支離弦之箭,現在卻不得不心驚膽顫地四處躲藏獵人的箭頭。冬天的時候,卡利斯托躲在空心的木頭中,或者挖一個小洞避寒,保留一絲體力以抵抗北風肆虐的寒冬。等到開春的時候,她又會拖著瘦弱的身體爬出來,尋找野蜂的蜂巢和杜松樹上第一批多汁的漿果來果腹。

一天，有一位男孩外出打獵的時候發現了這頭熊。卡利斯托看到他時，一眼就認出他是自己的兒子阿爾卡斯（Arcas）。現在，他已經長成了一個高大英俊的小夥子，並像自己的母親之前一樣，開始在叢林中狩獵。卡利斯托喜出望外，以至於忘記了自己現在的模樣。她用後腿直立起來，伸出前爪想要去擁抱他。男孩驚慌失措，舉起狩獵的長矛，衝上前插入了她的心臟。要不是朱比特碰巧從王座上往地上看，突然對自己的荒唐舉措有些懊悔，卡斯利托無疑將死在自己的兒子面前。

眾神要走很長的路才能到達空中的太陽宮殿。這條路橫跨整個天空，在晴朗的夜晚，人們抬頭就可以看見。是的，這條路便是銀河。那些傑出的神的宮殿坐落在道路兩側，而一些小神的宮殿則離大路遠一些。就在阿爾卡斯舉起長矛衝向卡利斯托時，在通往太陽宮殿的道路旁，出現了兩座新的宮殿，它們分別是大熊和小熊的造型，身體是由閃亮的星星組成的。無所不能的朱比特將卡利斯托和她的兒子變成了兩個星座。

朱諾得知此事之後，怒不可遏。她沉入海底，將這些煩心事告訴了海洋之神歐開諾斯。他是泰坦族的一位巨人，當時是所有水域的統治者。

「歐開諾斯，你知道為什麼嗎？」朱諾激動地高聲說道，

Chapter 32　變成熊的女獵手

「為什麼我，眾神的王后，要離開廣袤的天空，到這深深的海底來找你？因為我覺得我的權威被無視了，我的地位可能會被別的神擠掉。卡利斯托，就是那頭熊，被帶到了天上，並在星空中有了一席之地。誰敢說她有一天不會霸佔我的王位！」

「那妳想讓我怎麼做？」老邁的歐開諾斯問道。朱諾的來訪，讓他有些摸不著頭緒。

「我禁止卡利斯托恢復人形，但是我的意志被違抗了，這是不公平的。」朱諾回答道，「現在她在通往神聖之地的道路上有了自己的居所，這意味著她可以變幻成任何她想要的形象。我怕她會找到你，讓你幫忙竊取我的王位。我命令你永遠不允許她星座的星星觸碰水面。」

歐開諾斯馬上召集掌管其他水域的神碰頭，大家同意遵守朱諾的命令。因此，雖然別的星星會不斷地升起和落下，大熊座和小熊座卻一直高懸在空中，從來不會像其他星星那樣在落下時沉入海底。朱諾認為這是一種懲罰，但事實證明這更像是一種獎勵。

大熊座和小熊座永遠都保持著不變的軌跡，人們抬頭就能看見它們在空中閃耀。對於必須在夜間趕路的人來說，尤其是在漆黑的海面上航行的船員而言，它們已經成了在黑暗中確定方向的指明燈。小熊座尾巴上的最後一顆星星指示著

正北方,被人們稱為北極星,希臘人也將它稱為「阿卡狄亞星」,它幫助了許多船員在洶湧的波濤中找到回家的路。

朱諾的故事也在當今很多心存嫉妒的人身上發生著。她不但沒有傷害到卡利斯托,反而為對方帶來了至高無上的榮譽。

Chapter 32　變成熊的女獵手

Chapter 33
格勞科斯的大冒險

　　漁夫格勞科斯（Glaucus）揉了揉眼睛，確定這不是一場夢。他剛剛收網並將捕獲的魚都倒出來，但是一件奇怪的事情發生了：那些魚突然恢復活力，開始擺動牠們的鰭，如同在水中游動。隨後，格勞科斯目瞪口呆地看著牠們跳入水中，成群結隊地遊走了。

　　格勞科斯捕魚的地方是河心一座美麗的島嶼，這裡是一個冷清的地方，除了他，沒有其他人在此居住。沒有人來這裡放牧，甚至沒有人曾經到訪過這裡。格勞科斯沒有發現有人在施魔法，他不明白怎麼回事。

　　「會不會是河神？」他好奇地自言自語。隨後，他覺得可能有某種神奇的力量藏身於小島草地的下方。

　　「這種草有魔力也不一定。」他一邊說著，一邊扯下一把葉子，將其中一片放在嘴裡。

　　格勞科斯的舌頭幾乎感受不到植物的汁液，卻感覺到一

Chapter 33　格勞科斯的大冒險

股奇怪的躁動湧遍全身。隨後，他變得口渴難忍，於是跑到這麼多年一直捕魚的河邊，縱身跳進河裡，向大海遊去。

對於格勞科斯而言，這是一段奇幻而自由的旅程。之前，除了不停地撒網、收網，他從未體驗過其他的生活。他沿著水流向前遊去，一路上成百條河流匯聚到一起，巨大的水流沖刷著這個漁夫的凡胎肉身。最終，格勞科斯游到大海中，他的面前呈現出一幅奇妙的景象，撞擊海岸岩石的巨浪瞬間平息下來，一輛戰車沿著海面向他駛來。拉動戰車的駿馬釘著黃銅蹄鐵，金色的鬃毛在空中飛揚。一位巨人手持著可以刺破岩石的三叉長矛，吹響一隻巨大的海螺號角，駕著戰車到格勞科斯面前，邀請他上車前往海洋深處。

駕車者是海神涅普頓。格勞科斯坐在戰車中，感覺非常舒服。他已經不再是地上的凡人，而成了位於海浪之下的無盡王國的子民。漁民格勞科斯的樣貌也徹底發生了改變，他的頭髮變成海綠色，一直拖到身後的海水中。他的肩膀變得寬厚，四肢也變成魚尾的形狀，並擁有魚尾的功能。他從來沒有感覺到如此自由和快樂。他花了一整天的時間，什麼也不做，只是追逐著潮漲潮落，學習如何使用他的新鰭，就像剛離開窩的雛鳥學習飛翔一樣。

然而，格勞科斯依然保留著一些海洋居民所不能理解的思想和行為。有一天，他看到美麗的水中仙女斯庫拉（Scylla) 從岸邊一處隱蔽的場所走出來，坐在一塊岩石上，將雙手放在了海水之中，撈上來一些貝殼，和水草一起編織成一條項鍊。格勞科斯從未見過像斯庫拉一樣美麗的人，於是他劈波斬浪遊到她面前，和著大海的歌聲喃喃地說出了自己對她的愛慕。

然而，斯庫拉在看到這個奇怪的半人半魚的人形生物之後，嚇得花容失色。她轉身奪路而逃，卻被一處可以俯瞰大海的懸崖攔住了去路。她愣了一會兒，轉過身時驚訝地看到格勞科斯站在一塊岩石上，陽光照在他綠色的頭髮和長有鱗片的皮膚上，讓他全身都熠熠發光。

他朝著斯庫拉喊道：「不要躲著我，女孩！我不是怪物，也不是海洋動物。我原本是一個一貧如洗的漁夫，後來變成了海中的一個神。」格勞科斯向斯庫拉講述了事情的來龍去脈，並為她描繪了涅普頓的海底王國——那裡有玩耍的海豚、玫瑰色和白色珊瑚建造的城堡以及永不停歇的水下音樂。

「跟我來吧，讓我們一起前往涅普頓的海底世界。」他懇求道。但是斯庫拉根本聽不進去，她倉皇逃走了，除了散落在岩石上的閃亮貝殼，什麼也沒有留下。

格拉庫斯沒有繼續追下去，但是他也沒有輕言放棄。他記起家鄉小島上的那種具有神奇海洋魔力的青草，暗自思忖

Chapter 33　格勞科斯的大冒險

它們是否也能給水中仙女斯庫拉以同樣的力量，讓她也像自己一樣，渴望來到涅普頓的王國。但是格拉庫斯卻無法回到自己曾經捕魚的小島，小島距離他非常遙遠，而且他已經忘了來時的方向。於是，他決定前往女巫喀耳刻（Circe）居住的島嶼，請她幫助自己贏得斯庫拉的芳心。事實證明，這幾乎是一個災難性的決定。

喀耳刻起初是太陽神的女兒，但她將自己習得的魔法用於邪惡，使自己成了一個強大的女巫。她居住在一個由樹木圍繞的宮殿中，這些樹木是她的小島上唯一的植被。如果遭遇海難的船員遊到岸邊，希望能得到她的救助以及得到用於建造新三桅船的木材時，他們將會瞬間被獅子、老虎和狼包圍。其實，這些野獸之前都是人類，但是喀耳刻施魔法將他們變成了野獸的樣子。

希臘的英雄尤利西斯（Ulysses）曾登上過喀耳刻的小島。在海上漂泊了很多天，尤利西斯和受夠大海折磨的船員們，聽到樹木掩映下的城堡中傳來的美妙音樂聲和少女甜美的歌聲，就飛奔向城堡。喀耳刻化身為一個公主，熱情地招待他們，並且為他們準備了豐盛的食物。正當他們享用美食的時候，喀耳刻用她的魔杖逐一觸碰了他們。然後，所有人都變成了野豬。他們雖然還有人類的思想，但是腦袋、身體和聲音都變成了野豬的樣子，還長出了野豬的鬃毛。雖然尤利西

斯最終說服女巫放了他的手下，但是這位英雄卻無法抗拒喀耳刻的魅力，留在了她的宮殿裡。整整一年的時間裡，他將自己的工作和國家都拋在腦後。

毫無疑問，從做出決定拜訪喀耳刻的那一刻起，等待格拉庫斯的注定是一場瘋狂的旅程。但是他依然堅定決心，最終登上喀耳刻的小島。他告訴喀耳刻，斯庫拉看他時那驚恐的眼神，乞求喀耳刻賜予自己一種讓斯庫拉能夠愛上大海的魔力，就像那些指引他投奔涅普頓的青草那樣。

「除非海底長出大樹，海草長在山頂，否則我會一直愛著斯庫拉。」格拉庫斯告訴喀耳刻。

女巫看著格拉庫斯。格拉庫斯雖然讓斯庫拉感到驚恐，卻讓喀耳刻有些愛慕。面前的格拉庫斯氣宇軒昂，可以隨心所欲地變回人形，而且他身後綠色海藻製成的拖尾長袍讓他看起來就像一個國王。

「我會親手製作一些藥水並將它帶給斯庫拉。」喀耳刻告訴格拉庫斯。但她決定對無辜的水中仙女施以傷害，這樣就可以將格拉庫斯永遠留在自己的島上。

喀耳刻在藥水中摻入了她島上生長的毒性最強的植物。她使用致命的魔法將它們混合在一起，然後帶著藥水前往斯庫拉居住的西西里島海岸。那裡有一個海灣，斯庫拉喜歡在豔陽高照的時候在那裡沐浴。喀耳刻將毒藥倒進清澈的藍色

Chapter 33　格勞科斯的大冒險

海灣，並唸出惡毒的咒語。之後，她回到自己的小島上。

那天日懸中天時分，斯庫拉像往常一樣跳入了齊腰的海水中。但是她驚恐地發現海水很快沒過了她的肩膀，瞬間吞沒了她。她還來不及呼救，便消失在曾經為她帶來快樂的海水中。喀耳刻的咒語發揮作用了，可愛的斯庫拉終於來到涅普頓的王國，但是並非格拉庫斯所料想的那樣。斯庫拉沒有言語，沒有動作，甚至連眼皮也不抬一下。

與此同時，格拉庫斯在喀耳刻的小島上玩得樂不思蜀。他在周圍的水域中逗留，心情好時就變回人形，享受喀耳刻城堡的奢華。如果他沒有遇到在島上徘徊的野獸，聽到他們用人類的語言交談，知道他們是被喀耳刻施了魔法才從海員變成野獸的，他可能永遠記不起自己是涅普頓的子民。

聽到他們的談話，格拉庫斯瞬間明白了自己可能的下場。他開始討厭那個邪惡的女巫，腦海中重新浮現出關於斯庫拉的記憶——她坐在岩石上，手中捧著一堆閃亮的貝殼。於是，他轉身跳入海水中，很快就遠離了那座致命的小島。

格拉庫斯開始透過海洋中的朋友四處打聽斯庫拉的下落，但是最終一無所獲。在喀耳刻的陰謀下，斯庫拉如同很多葬身海底的凡人那樣被海水淹死。當格拉庫斯在涅普頓王國的海葵花園中徜徉，沿著點綴貝殼的小路行走的時候，他有了一個新的想法。

那些心愛之人被大海帶走的人所承受的痛苦,格拉庫斯也感同身受。於是,他開始使用自己的魔法,讓那些溺亡的人死而復生。在接下來一千年的時間裡,格拉庫斯挽救了很多相愛之人的生命。在潮起潮落之中,格拉庫斯也從未放棄對斯庫拉的尋找。

千年之後,眾神似乎寬恕了格拉庫斯向喀耳刻求助的彌天大罪,格拉庫斯終於在碧綠的海底深處找到了斯庫拉。據其他水中仙女說,他們兩個後來一直生活在一座珊瑚宮殿裡,那裡有一個海葵花園,長滿了蔥鬱的水生植物。

Chapter 33　格勞科斯的大冒險

Chapter 34
尋找金羊毛的伊阿宋

伊阿宋正在建造一艘船,為他謀劃的一場海盜探險做準備。根據他的計畫,他會一直遠航到黑海東岸,掠奪金羊毛並帶回家。

金羊毛意味著一筆橫財,因為它能賣出一筆好價錢。在遠古時代,穿著飛靴的眾神信使墨丘利給了色薩利女王一隻長有純金羊毛的公羊。之後的一天,女王發現必須盡可能快速而且祕密地將她的兒子送到國外,才能確保他的安全。於是,她讓兒子坐在這隻公羊的背上,公羊馱著他縱身一跳飛向空中,跨越分隔歐洲和亞洲的海峽,帶著男孩降落在了黑海的科爾基斯(Colchis)王國。

從那時起,公羊的金羊毛便被懸掛在科爾基斯的一片神聖的小樹林中,樹林由一條從不睡覺的惡龍看守著。據說,金羊毛可以帶著人們飛往任何他們想去的地方,它的黃金是世界上最優質、最純淨的。許多冒險者為了獲得金羊毛而遠征,但是到目前為止,沒有一個人獲得成功。和之前尋找金

Chapter 34　尋找金羊毛的伊阿宋

羊毛的希臘年輕人相比，伊阿宋有著不同的打算。他對金羊毛志在必得，因為如果他能把它帶回來，他將會成為國王。

伊阿宋的叔叔珀利阿斯（Pelias）是色薩利王國一個諸侯國的國王。因為金羊毛一開始屬於色薩利王國，所以珀利阿斯萌生了一個想法——任何一個能夠得到金羊毛的國王都可以將其據為己有，並享受它的神奇力量。但是他並不想為此操勞，因此他承諾如果伊阿宋帶回金羊毛，他就將王位傳給這位年輕人。由於叔叔的承諾，伊阿宋決定帶領海盜探險隊進行這場冒險。

伊阿宋為了建造一艘像樣的船，不惜一擲千金。在當時，建造一艘可以揚帆出海的船是一項了不起的任務，希臘人唯一擁有的便是將樹幹中心掏空而做成的類似於獨木舟的小船。由於伊阿宋決定帶上他的50位朋友，因此，他需要建造一艘色薩利王國前所未見的大船。為此，他們必須砍掉一棵巨大的樹，一點點鑿成船的形狀。此外，他們還必須配置新的織布機，以便織造足夠寬的布料作為風帆。幾個月的時間裡，海灘上斧子和鑿子的聲音不絕於耳。終於，這艘名為阿爾戈（Argo）的大船順利完工。伊阿宋帶領被他稱為阿爾戈英雄（Argonauts）的朋友們登上了船。

阿爾戈英雄都是伊阿宋精挑細選的，他們都是希臘出身名門的健壯年輕人，並且在後來都闖出了自己的名聲。海克

力斯的強壯無人能敵；忒修斯可以單手舉起岩石，擒獲劫匪；太陽神阿波羅之子奧菲斯可以用他的七弦豎琴彈奏出美妙的音樂來馴服野獸；同行的還有涅斯托耳（Nestor），長大後他成了一名家喻戶曉的希臘勇士。他們和船長伊阿宋一起坐在船上，風吹動著船帆，大船乘風破浪向科爾基斯駛去。

雖然這是一次漫長的航行，但是他們有驚無險地到達了他國的海岸。眾人跳上岸，立即前去拜見科爾基斯國王，向他索要金羊毛。他們太年輕氣盛了，認為沒有人敢抵抗他們或拒絕任何東西，但是國王對此事表現得非常嚴肅。

「你必須自己去贏得金羊毛，伊阿宋。」他說道，「張口就能得到的東西是沒有價值的。你是否有膽量將我的公牛套上犁，在土地上栽種龍牙？」

伊阿宋倒吸了一口涼氣。他對科爾基斯的這些公牛早有耳聞，但他從來沒想過會被要求駕馭牠們。這些公牛長著肆無忌憚的牙齒，鼻孔中噴射著火焰，能將所觸及的一切都化為灰燼。牠們的呼吸聲就像是煉爐的咆哮聲，噴出的煙霧更是令人窒息。

儘管如此，伊阿宋並沒有退縮。「金羊毛必須靠自己贏得，沒有什麼比這更公平的了。」伊阿宋認為國王說得很有道理，他感到渾身充滿了巨大的勇氣。作為一名年輕人，他立志要成為自己心目中的英雄。

Chapter 34　尋找金羊毛的伊阿宋

「放出你的公牛吧！」他對科爾基斯國王說。

如果一個人勇於向看似不可能的行為發起挑戰，反倒更容易心想事成。事實上，伊阿宋得到了科爾基斯國王的女兒美狄亞（Medea）的幫助，她賦予伊阿宋一種無懼於烈火的魔力。兩頭公牛奔向田野，直接向伊阿宋衝了過去，像龍一樣噴射出熊熊燃燒的火焰。伊阿宋毫不畏懼地向牠們招手，他的朋友阿爾戈英雄們驚恐地看著他，大氣也不敢喘。他勇敢地站在了公牛面前，說話的聲音似乎平息了牠們的憤怒。他英勇地撫摸著牠們的脖子，將牠們套到軛上開始犁地。

龍牙是一種奇怪的種子。當伊阿宋犁出筆直的土溝，將龍牙播種進去時，科爾基斯王國的子民和阿爾戈英雄們在田邊緊張地注視著他。伊阿宋覺得國王可能是和他開了個玩笑，這對原本暴烈的公牛正使出全身的力氣在田裡勞作，和耕種玉米和小麥沒什麼兩樣。伊阿宋在田壟上深一腳淺一腳地走著，突然聽到一聲巨響，把他嚇了一跳。伊阿宋回過頭，看到了一個奇怪的景象。

原本蓋住龍牙的土塊開始翻騰滾動，閃亮的矛尖刺出土壤，接著出現了點綴有低垂羽毛的頭盔，以及男人的肩膀、手臂和四肢。不一會兒，土地中站滿了全副武裝的戰士，他們一點點逼近伊阿宋。

伊阿宋好像陷入了孤立無援的境地。但是，眼前的場景

激起了每一位阿爾戈英雄的鬥志。他們湧入田中，與伊阿宋並肩戰鬥。伊阿宋英勇地與敵人廝殺在一起，但是如果他沒有再次獲得幫助，那麼他和他的希臘夥伴們就會凶多吉少。美狄亞給了他一把有魔力的寶劍，伊阿宋將它扔到敵人之中，那些戰士突然停止對希臘人的攻擊，轉而自相殘殺起來，最終同歸於盡。

雖然取得了暫時的勝利，但是伊阿宋還面臨著另一個挑戰——那條守護金羊毛的不休不眠的惡龍。不過他有了戰勝惡龍的新勇氣。最終，他闖入藏有金羊毛的小樹林，從橡樹上取下了金光閃閃的毯子，擺脫惡龍，帶著阿爾戈英雄們返回希臘。

當他和其他年輕的希臘英雄們凱旋時，人們擁戴他成了新的國王，不是因為伊阿宋的戰利品，而是因為他的無窮勇氣。他毅然決然地踏上了一場未知的冒險，在經歷了一番偉大的戰鬥之後，作為勝利者回到祖國，這賦予了他新的榮耀。

這個故事最奇怪的部分在於，當伊阿宋和阿爾戈英雄們將金羊毛帶回希臘之後，沒有人見過金羊毛到底長什麼樣，似乎沒有人再聽說過它。或許，與這場冒險賦予阿爾戈英雄們的，讓他們受用一生的勇氣相比，任何珍寶都不值一提。

Chapter 34　尋找金羊毛的伊阿宋

Chapter 35
女巫美狄亞的回春術

　　如果當今世界的一個男孩穿越回古希臘時代,嚴格約束自己,並刻苦學習各種格鬥技巧後成為戰鬥英雄,那麼他的首領可能會在訓練中跟他講述這樣一個奇怪的故事。男孩可能會好奇他為什麼必須要聽這樣一個殘酷的故事,以及它背後有什麼深刻意義。事實上,幾乎所有的神話故事都有一些需要去揣摩的含義。至於這個故事,主角是會魔法的公主美狄亞,講述的是她如何在伊阿宋的父親埃宋(Aeson)身上施展魔法。

　　在完成一場偉大的冒險之後,伊阿宋帶著戰利品金羊毛和心上人美狄亞回到色薩利。此時的美狄亞,還是一位用魔法幫助伊阿宋勇敢面對噴火惡龍的公主,但是她實在難以適應希臘宮廷的生活。她不像大多數少女一樣對藝術感興趣,對針線活、編織和其他居家過日子的手工活也從來不上心。在王宮的節日慶典和競賽時,美狄亞也經常會悄悄退場,獨自坐在海邊的懸崖上,她烏黑的長髮被風吹起,劃過蒼白的

Chapter 35　女巫美狄亞的回春術

面龐。伴隨著海上湧起的波浪，她的嘴裡不停地唸著咒語。

儘管如此，她還是以獨特的方式表達著對英雄伊阿宋的愛慕，並為他所向披靡的偉大功績感到驕傲。有一天，她得知了伊阿宋的最大心願。

「我雖然勝利了，也得到了整個國家的尊崇，但是仍然有些美中不足。」伊阿宋告訴美狄亞，「我希望父親能夠分享我的歡樂，但他的身體一天比一天衰弱，也越來越無助。如果他能恢復年輕和強壯，我少活幾年又何妨？」

美狄亞雖然嘴上沒說什麼，但心裡暗自思忖：「在伊阿宋的幫助下，我才可以保持強大的力量。現在，我仍需要更進一步。如果可以延長伊阿宋父親的生命，但不是以年輕英雄的壽命換取，我願意付出任何代價。」

因此，在下一次月圓之時，美狄亞隻身一人悄悄走出宮殿。當時已經夜深人靜，所有的生物都進入了夢想。她快速跑過田野和樹林，嘴裡默唸著一些奇怪的話語，同時向月亮和星星說了一些咒語。眾所周知，就像黛安娜代表著夜晚的明朗和美好，黑卡蒂（Hecate）則代表著夜晚的黑暗和恐怖。每當黃昏時分，黑卡蒂便開始在地面上空遊蕩，只有犬類能夠看見她，並對著她吠叫。美狄亞追隨著黑卡蒂的行蹤，希望能得到她的幫助。她同時還向土地女神特魯斯（Tellus）求助。特魯斯擁有神奇的魔法，能讓地面長出可以製作魔法的

藥草。除此之外，美狄亞還請求司掌森林和洞穴、谷地和高山、河流和湖泊、風和蒸汽的眾神給她以幫助。

當美狄亞整夜都在尋求提升魔法之道時，星星變得異乎尋常的閃耀。這時，一輛由會飛的、由大蛇拉動的戰車從天而降，美狄亞飄入戰車。戰車載著她前往一個遙遠的地方，那裡生長著最強魔力的藥草。但是她必須在第一道陽光照耀地面之前趕回來，魔力才不會消失。連續九個晚上，美狄亞都乘坐飛蛇拉的戰車去尋找魔法藥草。在這期間，她既沒有回到王宮，也沒有找任何地方歇腳，更沒有和任何凡人說話。

赫柏（Hebe）是司掌青春的女神，也是眾神聚會時的斟酒人。美狄亞集齊了配製藥水所需的藥草後，她在赫柏的神廟前生起一堆火，在上面放上一口又大又深的鍋。她將藥草放入鍋中，並用乾燥的橄欖樹枝不斷攪拌，希望能夠獲得她所期望的效果。奇怪的是，樹枝沒有被火引燃，當美狄亞將它取出的時候，它立刻變成了如同春天一樣的綠色，並在很短的時間內長出了綠葉和很多橄欖。大鍋中的藥水翻滾著氣泡並慢慢沸騰。有一些竄出鍋邊，落到了地面上。藥水滴落的地方，會馬上長出新鮮的青草，並綻放出美豔的鮮花，如同五月最珍貴的花朵一樣明亮而芬芳。

美狄亞希望更保險一些。於是，她將羊群中年紀最大的

Chapter 35　女巫美狄亞的回春術

那隻綿羊放入沸騰的藥水中。綿羊不但沒有被煮熟，反而變成一隻柔軟而且潔白的小羊羔從鍋中跳出來，在草地上蹦蹦跳跳地跑遠了。

就這樣，美狄亞知道已經萬事俱備了，於是她讓伊阿宋把他年邁的父親埃宋帶到這裡。

「我想瞭解你的父親，」她解釋道，「聽他講一些你小時候的趣事。」

伊阿宋對此深信不疑，於是派人去請他的父親，將他帶到了赫柏的神廟附近。美狄亞早就在那裡等著了。在看到埃宋之後，美狄亞透過施魔法讓他沉沉地睡去，並將他放在一張鋪滿藥草的床上。埃宋沒有明顯的呼吸或生命，如同死了一般。

「邪惡的女巫，妳殺死了我最愛的父親！」伊阿宋喊道。

然而，就在伊阿宋說話的時候，美狄亞走向老人，她從大鍋中舀出有魔力的藥水，灌到埃宋的口中。

當埃宋吸收了這些藥水並感受到其中的神祕力量之後，他花白的頭髮和鬍鬚馬上變得像年輕時一樣烏黑，四肢充滿活力而且十分強健，往昔的蒼白和消瘦不復存在。當埃宋跑向伊阿宋的時候，臉上滿是驚訝。他感覺彷彿遇見了 40 年前的自己，女巫美狄亞讓他回到了年輕的時候。

如果美狄亞一直使用自己的魔法做好事積德，那麼這個故事的結尾無疑是令人愉快的。但事實並非如此。後來，美狄亞幾乎是作惡多端，比如她曾駕著飛蛇戰車四處尋仇、送毒藥給新娘、放火燒掉其他神的宮殿等。所以說，美狄亞的這個故事是何等的奇怪和不同尋常！

那麼，對於年輕的希臘而言，這個故事意味著什麼？

想必他們和現在的我們一樣，受到啟發和思考。美狄亞和她的大鍋象徵著每個國家必須經歷的殘酷戰爭和變革。雖然這可能會助長邪惡，但當世界變得腐朽衰敗的時候，在經歷暫時的苦痛之後，它可能會重新變得年輕而強壯，就如同埃宋在喝下美狄亞煮制的苦澀藥水之後重新變得年輕一樣。

Chapter 35　女巫美狄亞的回春術

Chapter 36
一顆金蘋果引發的戰爭

　　這是一場隆重的婚禮,厄莉絲(Eris)卻不請自來。就目前來看,的確沒有人邀請過她。事實上,這裡的每個人都對她避之不及,因為這是一場神和凡人共同參加的盛大宴會,而厄莉絲是挑起事端的不和女神。

　　新娘是美麗的海中仙女忒提斯,她的美貌甚至連朱比特都為之動心。新郎佩琉斯(Peleus)則是一名凡人。婚禮在奧林帕斯山上進行。當喜慶的氣氛達到高潮,朱比特的斟酒侍者蓋尼米德(Ganymede)向大家獻上他親手釀製的瓊漿玉液時,一顆金色的蘋果掉落在眾人中間。

　　那是一顆大大的蘋果,渾身閃著金光,就好像從裡到外都是由黃金製成的一樣。甚至眾神都未曾見過,你推我搡搶奪起來,根本沒有顧上看到底是誰丟的。朱比特最終拿到了蘋果,並讀出了上面的一行字——「獻給最美麗的人」。賓客們往天上看時,瞥見厄莉絲駕著她那陰暗的戰車已經走遠

Chapter 36　一顆金蘋果引發的戰爭

了。她是專門來攪亂婚禮的，正因為這顆蘋果，一場曠日持久且驚心動魄的戰爭爆發了。

女神們頓時吵得不可開交，都認為自己是最美麗的，有資格擁有這顆金光閃閃的蘋果。眾神的王后朱諾認為自己受之無愧，智慧女神米娜瓦則希望智慧與金蘋果兼得。於是，她們請求萬能的朱比特作出評判。但無論是朱比特還是其他的神，大家都不敢妄下結論。因此，大家必須從凡人中找一名裁判。

在特洛伊城附近一座名為伊達（Ida）的高山上，住著一位年輕的牧人帕里斯（Paris）。除了眾神，沒有人知道帕里斯王室血統的祕密。他在很小的時候，便被拋棄在了伊達山上，因為他的父母從預言書中得知他將摧毀整個王國並讓家族走向衰敗。所以，人們並不知道他曾經是一位王子。他在羊群的陪伴中長大，長大後英俊瀟灑，更像是一位年輕的神，深得所有的樹神和居於山林水澤中的仙女的喜愛。最後，眾神決定由帕里斯裁定哪位女神有資格贏得金蘋果——朱諾、米娜瓦，還是維納斯。三位女神從奧林帕斯山降落到伊達山，站在帕里斯的面前接受他的評判。

妒火中燒的女神們似乎忘記了自己作為神的高貴出身，爭相向年輕的牧羊人提供賄賂，希望他說自己是最美麗的。朱諾向帕里斯許諾鉅額的財富和凡間的一處王國。米娜瓦則

表示,她將會分出一些智慧和戰無不克的力量給帕里斯。而維納斯自己便是一個無人可以抗拒的咒語,她站在帕里斯面前,佩戴著一條有魔法的腰帶,如正午的陽光一樣絢爛。她將如海水捲起的泡沫一樣輕盈的手搭在帕里斯快速跳動的心臟上,說道:「我會將世上最可愛的女人賜予你作為妻子。」

帕里斯牧羊

維納斯的話音剛落,帕里斯宣佈了自己的裁定。這注定是一個永載史冊的裁定,經過人們的口口相傳,凡間的每個國家都知道了這個消息,並開始陷入無盡的爭鬥中。帕里斯將金蘋果放到維納斯手中的時候,並沒有注意到朱諾和米娜瓦那憤怒的神情。當她們惱怒地飛回奧林帕斯山時,空中陰雲密佈,就像是朱比特即將擲下雷電。

在那之後,除了自己的欲望和野心,帕里斯對其他的事

Chapter 36　一顆金蘋果引發的戰爭

情概不關心。維納斯也不斷地滿足他的虛榮心。她先是告訴帕里斯他的顯赫身世。當帕里斯得知自己是特洛伊國王普里阿摩斯（Priam）的親生兒子時，就動身前往父親的王國，爭取改變自己的命運，而他的羊群再也沒有見過自己的主人。

當時，普里阿摩斯國王宣佈，將要在他的王子和鄰國王子之間舉辦一場摔跤比賽。在前往特洛伊的路上，帕里斯也聽到了這個消息。他還看到為國王效勞的一名牧人正趕著獎品前往特洛伊，那是整個伊達山草原中最好的公牛。帕里斯決定參加這場比賽，看看自己能不能贏。於是，帕里斯來到王室，參加了角鬥。國王、他的兄弟們，還有他的姐姐卡珊德拉（Cassandra）觀看了比賽，但是他們都沒有認出他。最終，帕里斯戰勝所有的對手，贏得了勝利。

當普里阿摩斯國王認出帕里斯時，他受到了熱烈的歡迎，並帶上了月桂樹枝編成的桂冠。眾人在普里阿摩斯的王座前簇擁著帕里斯，只有卡珊德拉黯然神傷。她能用魔法預見帕里斯會帶給特洛伊滅頂之災，但是這種預言能力沒有帶給她快樂，因為她注定不被人相信。

之後，維納斯告訴帕里斯向普里阿摩斯國王要一艘船，然後乘著它前往希臘南部城邦斯巴達（Sparta），在那裡，她將踐行對他的承諾。於是，帕里斯動身出發了。身為一名英俊的年輕人和光榮的勝利者，帕里斯得到了斯巴達國王

墨涅拉俄斯（Menelaus）和他美麗的王后海倫（Helen）的熱情招待。

如果說維納斯的美貌讓眾神著魔的話，海倫的可愛動人也足以讓任何凡人拋卻一切。故事中說，海倫是一隻會魔法的天鵝的孩子，因此能讓所有的英雄都為之著迷，所有偉大的希臘王子都希望能娶她為妻。當她從家中出嫁，成為墨涅拉俄斯的妻子時，她的父親讓那些渴求她的英雄們起誓，萬一她被人搶走了，英雄們必須幫助墨涅拉俄斯把她找回來。海倫的美麗是上天的饋贈，但是同樣會帶給她危險，這讓她的父親總是擔心著她的平安。在整個希臘，甚至整個凡間，找不到比海倫更加美麗的人。

帕里斯在斯巴達王室逗留了很長時間，並受到了禮遇和尊重。但他是受之有愧的，因為在這段時間裡，維納斯向海倫施了魔法，讓她的眼中只有這個英俊的年輕人。當墨涅拉俄斯國王需要出遠門一段時間時，帕里斯趁機說服海倫離開斯巴達，與他一起乘船前往特洛伊。

兩人的私奔被發現之後，希臘的英雄們怒火中燒。他們從未忘記對墨涅拉俄斯國王的承諾，當他遭遇不公正對待的時候，英雄們一定會出手相助。他們對海倫並沒有過多的怨恨，一致認為海倫是受了維納斯恐怖咒語的蠱惑。英雄們馬上進入備戰狀態，紛紛加入收集物資和建造船隻的準備中。

Chapter 36　一顆金蘋果引發的戰爭

阿加曼農（Agamemnon）是墨涅拉俄斯國王的兄弟，他驍勇善戰，因此被任命為希臘軍隊的統領。隨後，他徵召最精幹的士兵，來幫助他完成摧毀特洛伊的偉大事業。

與當今時代的英雄相比，這些英雄有著同樣的真性情和過人的膽識。但他們這次的敵人遠在海洋彼岸，有些希臘人發現背井離鄉之苦讓他們備受煎熬，何況只是為了一個任性的男孩和一個美貌的女人。伊薩卡（Ithaca）國王尤利西斯便是其中的一員。

伊薩卡王國和平而安定，尤利西斯與勤勞的王后珀涅羅珀（Penelope）和剛出生不久的王子鐵拉馬庫斯（Telemachus）幸福地生活在一起，他們感到心滿意足。我們不能說尤利西斯的逃避是懦夫的行為，因為他壓根就不想參加特洛伊戰爭。一開始，尤利西斯假裝自己得了瘋狂症。他向農夫借了一副犁，跑到沙灘上犁地，並向犁溝裡面播撒鹽粒。前來徵兵的阿加曼農的使者看到他的瘋狂舉動，簡直不敢相信自己的眼睛。為了試探他是不是在裝瘋賣傻，使者將國王的小兒子抱起來，放到犁前方不遠的沙土上。尤利西斯立即丟下了犁柄，一把抱起幼小的兒子緊緊地擁在自己的胸前。眼看著自己的把戲被拆穿了，尤利西斯不得不離開自己的王國和珀涅羅珀，加入其他英雄的行列。他注定會成為其中最英勇的一位，但是也注定有 20 年的時間無法回到自己的家。

還有另外一位力可拔山的蓋世英雄，由於母親對他愛得深沉，他從來沒有機會參加任何戰爭，他就是阿基里斯，在特洛伊戰爭中，他注定會一戰成名。當他還是個孩子的時候，便被母親帶去了冥河。他的母親提著他一隻小腳的腳跟，將他浸沒在神聖的河水之中。這樣一來，不管將來遇到多麼慘烈的戰爭，他都可以毫髮無傷，不過他的母親最終忘記了被她的手蓋住的腳跟。隨後，阿基里斯被母親打扮成一個女孩，送到一個遙遠國度的朋友那裡寄養。他由一群女性養大，根本沒有機會接觸武器。

在當時，希臘人正厲兵秣馬，準備向特洛伊發起進攻。阿基里斯的薄志弱行傳到了尤利西斯的耳朵裡。他自己已經克服了對戰爭的恐懼，因此不想放棄任何被懦弱束縛住手腳的英雄。於是，尤利西斯將自己假扮為一個販賣精緻器皿、香水、刺繡絲綢、雕刻象牙飾品和珠寶的小販，前往阿基里斯所在的王國。在那裡，已經長大的阿基里斯依然每天保留著少女的裝扮。王室的女人們看到尤利西斯所販賣的精美面料和項鍊，不禁喜出望外。阿基里斯只是漫不經心地翻動了幾件，直到他看到一些奇特而精美的鍛造武器才激動地兩眼放光。阿基里斯頓時領悟了自己的命運，他穿上鎧甲，與尤利西斯一起加入了軍隊。

在另一邊，由於海倫那美麗的樣貌走到哪裡都會讓人無

Chapter 36　一顆金蘋果引發的戰爭

法抗拒，普里阿摩斯接受了犯下滔天大錯的帕里斯和海倫，並為他們提供了安身之所。對於特洛伊的英雄們而言，這是一場痛苦的命運之戰。他們和希臘英雄一樣義無反顧，卻沒有享受同樣的地位和榮耀。他們也集合起來保護國王，並作好了在希臘人飄洋過海到來時決一死戰的準備。

這場偉大的戰爭始於眾神的嫉妒，因此也得到了眾神的幫助。海神涅普頓將希臘人的戰船安全地帶到了特洛伊城門前，尤利西斯陪著墨涅拉俄斯國王進城，要求海倫回到希臘。在普里阿摩斯國王回絕他們之後，維納斯繼續用咒語讓海倫聽憑她的擺布，還說服戰神瑪爾斯幫助特洛伊人。朱諾和司掌公平戰爭的女神米娜瓦選擇支援希臘人。阿波羅和朱比特雖然保持中立的立場，但也密切關注著他們所喜愛的英雄們的命運。

特洛伊戰爭正式打響，但誰也想不到的是，這場曠日持久的戰爭最終以離奇的木馬屠城結束。

Chapter 37
特洛伊木馬屠城記

對特洛伊的圍城持續了整整十年。這場戰爭因眾神和凡人的嫉妒之火引起，讓特洛伊人和希臘人陷入十年的對峙。雙方都奮不顧身地投身於戰鬥之中，特洛伊城外的平原也變成充斥著恐怖與死亡的廢墟。

英雄阿基里斯在阿波羅的神廟祭祀時，被帕里斯射出的一支毒箭射中了腳跟。大力神海克力斯雖然為希臘人準備了利箭，但依然奈何不了特洛伊人強大的防禦工事。特洛伊城內有一座被命名為「守護神」的米娜瓦雕像，據說只要這座從天而降的雕像在，特洛伊就無法被攻克。於是，英雄尤利西斯帶著幾個勇士喬裝打扮潛入特洛伊城中，將米娜瓦的雕像帶回了希臘人的營地。但特洛伊人依然在頑強地堅守著，戰事進入第十個年頭，放眼望去，滿城盡是饑荒和瘡痍。

海倫的美貌本身就有一種魔力，當她倚靠在普里阿摩斯國王城堡的建築上為特洛伊人吶喊，或者親自到隊伍中為他們打氣助威時，似乎就成了大家的守護神。只要看到她那張

Chapter 37　特洛伊木馬屠城記

美麗的面龐，所有的士兵都忘記了困難，並且變得無所畏懼。只有特洛伊的公主卡珊德拉獨自默默抽泣，因為她有著預知未來的能力，並看到了特洛伊固若金湯的城牆將被瓦解。但人們以為她只是瘋了。

最後，孤注一擲的希臘人調動全部的兵力，但是依然沒有攻下特洛伊。於是，他們將希望寄託在了尤利西斯身上，看看他有沒有能制服特洛伊人的妙計。就這樣，尤利西斯向將軍們部署了一項人類所有戰爭中最為離奇的計畫。根據尤利西斯的建議，希臘人佯裝撤退。那些原本在港口休整的戰船起錨揚帆，快速撤離了港口。但是它們並沒有走遠，而是在臨近的一座小島上整裝待命。這麼多年來，特洛伊人第一次看到城外希臘人的營地縮減，平原上敵人的帳篷似乎一夜之間消失不見了。他們喜出望外，一種許久未曾有過的幸福之情湧上心頭。他們打開城門，紛紛湧上平原，為希臘人的潰敗而歡欣鼓舞。

在城外，特洛伊人看到一件奇怪的東西。一匹巨大的木製戰馬佇立在平原中心，就如同一尊神像，甚至比他們之前所見過的任何雕像都令人驚奇。這匹木馬製作得嚴絲合縫，從頭到腳看不到一絲拼接的痕跡。馬背上起碼可以容納一百多人，但沒有人能夠爬上去。起初，特洛伊人圍攏在木馬周圍，還會感到一絲驚恐。但隨後，他們就得出結論──「這是我們的戰利品。」

希臘人留下的巨大木馬

　　隨後，他們打算將木馬搬進城，作為他們戰勝希臘人的象徵，在公共廣場上展出。然而，涅普頓的牧師勞孔（Laocoon）在人群中公開反對這個計畫。

　　「不要魯莽，特洛伊人！」勞孔警告他們，「你們和希臘人戰鬥了十年，應該知道他們不會如此輕易放棄。你們怎麼敢保證這不是他們英勇無畏的領袖尤利西斯的陰謀？哪怕是希臘人送上禮物給我，我都要提防著他們。」

　　勞孔一邊說著，一邊將他的長矛擲向木馬的一側。長矛被彈回，木馬發出一個空洞的聲音。要不是正好一名被俘虜的希臘人從人群中被拖出來，特洛伊人可能就聽取了勞孔的意見，將木馬就地肢解。

　　那人自稱是希臘人，名叫西農（Sinon），因為惹惱了尤

275

Chapter 37　特洛伊木馬屠城記

利西斯而在撤離時被拋棄。他裝出一副驚恐萬分的表情。特洛伊人被西農的表演所欺騙，信誓旦旦地向他保證，只要他能說出木馬的祕密，他們就不會傷害他。

「這是向米娜瓦的獻祭。」西農解釋道，「希臘人故意將木馬製造成如此巨大的尺寸，這樣你們永遠無法將它帶到特洛伊的城內。」

西農的話讓特洛伊人吃了定心丸。就在他們商議如何開始移動木馬時，一件怪異的事情發生了，這徹底打消了特洛伊人的疑慮。海面上突然出現兩條巨蟒，牠們高昂著頭顱，充血的雙眼噴射出憤怒的火焰，嘴裡吐著嘶嘶作響的信子，直接衝向海邊，直奔勞孔和他的兩個兒子站立的位置。

巨蟒首先襲擊了兩名男孩。牠們用身體將他們牢牢纏住，然後向他們的臉上噴出劇毒的氣息。勞孔試圖去營救他的兒子們，但是也被巨蟒束縛住了。很快，三個人都被勒死了。隨後，巨蟒繼續向前滑行，似乎要闖入特洛伊城。

「這是惹怒眾神的不祥之兆，因為我們質疑了木馬的神聖地位。」特洛伊人說道，「勞孔正是因為出言不遜而遭到了懲罰。」

於是，眾人再次陷入狂喜和慶祝之中。他們用花環裝飾木馬，拖著它回城。每個人都全力以赴，直到將木馬帶到城門之外。由於城門寬度不夠，他們決定第二天一早就拓寬城

門。特洛伊人振奮地高喊著，各自回到家中，如同得勝而歸的軍隊那樣。

當天夜晚，西農祕密地打開了巧妙設定在木馬一側的暗門。英雄尤利西斯、墨涅拉俄斯國王和一隊百裡挑一的希臘將軍從裡面爬了出來。原來，希臘人將木馬的身體設計為中空，裡面可以容納一百個人和他們的武器。再加上準備充分的給養，這些人可以安全地在裡面待很長時間。趁著特洛伊城還在黑暗中熟睡，希臘人打開了它的城門。希臘軍隊也乘著夜色悄無聲息地折返，穿過平原，破城而入。

勞孔的預言和卡珊德拉的憂傷最終得到了證實！希臘士兵如入無人之境，普里阿摩斯國王和他最精幹的武士都被殺死，卡珊德拉被俘，整個特洛伊城被付之一炬。

然後，希臘人帶著美麗的海倫，起航返回闊別數年之久的國家。海倫也驟然從維納斯的魔咒中驚醒，並為自己所帶來的這些苦難感到悲傷。

特洛伊的輝煌時代一去不復返。特洛伊城的廢墟如明亮的珍珠一般，藏身於古老的群山深處，吸引著現代人類去探索和發現。但是除了那顆帶給特洛伊滅頂之災，讓英雄和曾經輝煌的城堡灰飛煙滅的金蘋果的記憶，幾乎沒有任何其他東西留下。

Chapter 37　特洛伊木馬屠城記

Chapter 38
獨眼巨人庫克洛普斯

在攻下偉大的城市特洛伊之後，英雄尤利西斯打算動身回到家鄉希臘。在這場曠日持久的特洛伊戰爭中，他和戰士們背井離鄉，飽受戰亂之苦。

尤利西斯幾乎是最後一批動身的。他在特洛伊逗留了數日，向所有希臘人的統帥阿加曼農致敬。他帶領著 12 艘戰船返航，雖然還是他從希臘帶到特洛伊的那 12 艘戰船，但是每艘戰船上只剩下大約 50 人。有接近一半的驍勇英雄們長眠在特洛伊城外的平原，他們或者死於戰鬥，或者被阿波羅的利斧所砍殺。

尤利西斯率領著船隊首先來到色雷斯（Thrace）海岸，在那裡他和手下往船上裝滿了食物、牛和罐裝葡萄汁。他們再次出發後不久，海面突然變得波濤洶湧。所幸他們看到了一片平靜的沙灘，於是尤利西斯趕緊指揮戰船靠岸，以避開巨浪的襲擊。到第三天早晨，風暴終於平息了，尤利西斯的船隊繼續他們的行程。這一次非常順利。在第十天的時候，

Chapter 38　獨眼巨人庫克洛普斯

他們來到一片長有蓮花的土地。那裡長出的蓮子是一種非常神奇的果實，任何吃了這種蓮子的人都不再會想念自己的家鄉、家庭或子女。

現在，這片土地上的居民，也就是被希臘船員們稱為「食蓮者」的人，給了他們一些蓮子。這些居民並沒有任何惡意，只是希望把最好的東西與客人分享而已。吃了蓮子的水手們紛紛表示他們不想繼續回到海上航行，但是尤利西斯是一個有著大智慧的人，他聽說後立即吩咐手下將這些吃了蓮子的士兵捆上船，而不顧他們的怨聲載道。

海面上風平浪靜，船員們只能划槳前行。這樣過了好幾天後，他們來到獨眼巨人庫克洛普斯們居住的國家。距離岸邊一英里左右有一座非常美麗富饒的小島，但是島上沒有人居住。小島的岸邊有一處天然的避風港，盡頭是一條從岩石上飛流直下的小溪，四周長滿了伴著風聲輕吟淺唱的赤楊樹。船員們將船在港口停放妥當，然後在岸上睡去，準備第二天清晨再出發。

尤利西斯是一個骨子裡流淌著冒險血液的人，每到一個新的地方，他都會去探索那片土地，並瞭解居住在那裡的人。第二天清晨，他命令其中一艘船載著海員駛向陸地。在那裡，海灘背靠著一座大山，獨眼巨人居住的山洞中升起裊裊的炊煙。和凡人不同，巨人們生活得非常分散。他們是粗

魯和野蠻的民族，每個人都喜歡獨來獨往，很少考慮鄰居們的感受。

緊鄰著岸邊有一個巨大而深邃的洞穴，洞口被月桂樹樹籬和糙石壘成的圍牆掩蔽，高大的橡樹和松樹在洞口前灑下陰涼。尤利西斯選了12名最勇敢的船員，帶領他們去探索當地居民的習性。他斜挎著寶劍，肩上扛著一隻盛有葡萄酒的獸皮酒囊。尤利西斯相信，如果遇到兇猛的野獸，這些美酒可能會幫助他擺平牠們。

隨後，他們進入洞穴，判斷出這是一個富有而且經驗豐富的牧人居所。洞穴裡有一些圈養綿羊和山羊幼崽的獸欄，並且按月齡將牠們區分開；還有裝滿起司的籃子和貼著牆擺放的一排牛奶桶，裡面裝滿了牛奶。但洞穴的主人並不在家，而是去了外面的牧場。尤利西斯的同伴懇求他快點離開，但是尤利西斯顯然不打算這麼做。他非常好奇洞穴的主人，也就是那個牧羊人的生活。他也因此付出了代價！

傍晚時分，獨眼巨人回到家中。他是一個起碼有20英呎高的龐然大物，身後背著一大捆松木原木，那是他用來燒火的木柴。他將這些木柴重重地扔在洞外的地面上，將羊群趕入洞中，然後用一塊20輛馬車可能都拉不動的巨大岩石堵住了洞口。進入洞穴之後，他開始為母羊擠奶。他將一半羊奶用於煉製起司，另一半留著餓的時候喝。做完這些之後，他

Chapter 38　獨眼巨人庫克洛普斯

點燃了松木柴火。火光照亮了整個洞穴，也照亮了尤利西斯和他的同伴。

「你們是誰？」獨眼巨人喊出聲來，「你們是商人還是海盜？」

「我們不是海盜，巨人先生，我們是希臘人，從特洛伊返航的途中路過這裡。我們以朱比特之名懇請您的盛情招待，朱比特會根據主人好客與否來獎勵或懲罰他們。」

「那麼，」巨人回答道，「別和我說什麼朱比特或其他的神，我們獨眼巨人不吃他們那一套，我們比他們更優秀，也更加強壯。」他不由分說地抓起尤利西斯的兩個同伴，連同羊奶一同吞了下去，一點殘骸或一塊骨頭都沒有留下。在享受完晚餐之後，巨人躺在他的羊群中睡著了。

尤利西斯本打算就地解決這個獨眼巨人，但是他清楚，這樣做只會為自己的同伴帶來無謂的犧牲。那麼，怎樣才能搬走堵在洞口的大石頭？他們一直等到第二天早晨。巨人醒過來抓了另外兩個人當早餐，然後準備去牧場放牧。但是在他離開洞口的時候，又隨手用巨石堵住洞口，就像是弓箭手蓋住自己的箭袋一樣自然。

一整天，足智多謀的尤利西斯都在思考如何帶同伴逃出這裡。最後，他計上心來。洞中有一根巨大的綠色橄欖樹幹，就如同船的桅桿一樣粗壯，那是巨人的柺杖。尤利西

斯截下和成年人差不多高的一段，用火將其中的一頭烤得堅硬，然後教他的同伴正確使用。一切準備就緒之後，他們把這段木頭藏了起來。

晚上，巨人回到家，將羊群趕回洞中，堵上門，享受了和之前一樣殘忍的晚餐。隨後，尤利西斯手裡拿著裝有葡萄美酒的酒囊，為巨人倒了一杯，對他說：「嘗一下這個吧，獨眼巨人，你已經吃完了晚餐，嘗試下我們船上特有的美酒吧。」

「再倒一點。」巨人一飲而盡，命令道，「說實話，這真是一種奇特的飲品。我們也有葡萄樹，但卻沒有如此美味的汁液。我不得不承認，可能只有神才有資格享受這種瓊漿玉液。」

尤利西斯又倒一些給他，巨人一飲而盡。尤利西斯倒了三次，巨人痛飲了三次。但是巨人想不到自己會喝醉，並昏睡過去。尤利西斯告訴他的同伴，他們逃跑的機會來了，但是需要強大的勇氣。

他們將那段橄欖樹的樹幹投入火中，直到它通體變得碧綠。在即將迸發出火焰的時候，他們齊心協力將它刺入獨眼巨人的眼中。現在，獨眼巨人已經什麼也看不見了。

獨眼巨人痛苦地跳起來，將棍子甩到一旁，然後大聲喊叫起來。居住在山坡上的所有獨眼巨人都衝下山來，擠在他

Chapter 38　獨眼巨人庫克洛普斯

的洞口。失明的獨眼巨人摸索著推開巨石，來到其他的巨人之中。尤利西斯一時不知道該如何逃出去。

終於，他想到一個可靠的辦法。早些時候，獨眼巨人將一群高大強壯的公羊趕入了洞中。尤利西斯使用巨人睡覺所鋪的柳枝，將他的同伴捆在公羊肚皮下面。尤利西斯躲在一隻比其他的公羊更強壯的公羊身下，緊緊地抓住羊毛。然後，他們在洞穴的深處等待黎明的到來。天一亮，公羊們便迫不及待地衝向牧場。巨人坐在洞口，檢查每一隻公羊的後背，但是他沒有想到尤利西斯和他的同伴們會藏身在公羊肚皮下。終於，尤利西斯和同伴們成功逃脫。

當他們逃到巨人控制範圍之外時，尤利西斯鬆開了手，然後將他的同伴們放下來。他們飛快地爬上自己的船，拚命划動船槳，一心想盡快逃離這個是非之地。但是他們剛划出一百公尺左右，巨人便聽到了他們的聲音。於是，他從山頭掀起一塊大石頭，朝著槳聲傳來的方向扔過去。石頭正好落在船頭前不遠的位置，激起的巨大水花將小船推回岸邊。尤利西斯又用一根長長的木桿，將船推離岸邊，同時點頭示意同伴輕輕地划船。只要他們不出聲，獨眼巨人就不知道他們的確切位置。聰明的尤利西斯當然能想到這一點。隨後，眾人將注意力全部集中在划船上。

當他們划出了比之前遠兩倍的距離時，尤利西斯實在抑

制不住內心的狂喜，他從船上站起來，高聲喊道：「聽著，獨眼巨人！如果有人問起你，是誰摧毀了你邪惡的力量，你要告訴他們是伊薩卡的勇士尤利西斯。」

獨眼巨人聽到之後，高舉雙手，透過意念與所有獨眼巨人的父親──海神涅普頓──傳話。「聽我說，涅普頓，如果我的確是你的兒子，就讓這個尤利西斯永遠回不到自己的家鄉。如果命運三女神執意要讓他回家，那就讓他失去同伴，獨自一人回去。」

獨眼巨人說完這個邪惡的願望後，朝聲音來源處擲下另一塊巨大的石頭。石頭差點就砸中船舵，但所幸失之毫釐。尤利西斯終於和他的同伴成功逃脫，回到那座生活著野山羊的小島，和等待在那裡的其他船員會合。等待的船員早已望眼欲穿，他們終日惴惴不安，生怕尤利西斯他們遭遇不測。最終，一群人順利地回到了希臘。

Chapter 38　獨眼巨人庫克洛普斯

Appendix I

重要人名對照表

Achelous	阿刻羅俄斯
Achilles	阿喀琉斯
Acrisius	阿克里西俄斯
Admetus	阿德墨托斯
Aegeus	埃勾斯
Aeneus	俄紐斯
Aeson	埃宋
Aesculapius	艾斯庫拉皮斯
Agamemnon	阿加曼農
Alcestis	阿爾克斯提斯
Alpheus	阿爾斐俄斯
Andromeda	安朵美達
Antaeus	安泰俄斯
Aphrodite	阿芙蘿黛蒂
Apollo	阿波羅
Arachne	阿剌克涅
Arcas	阿爾卡斯

Appendix I

Arethusa	阿瑞塞莎
Argo	阿爾戈
Argonauts	阿爾戈英雄
Argus	阿爾戈斯
Ariadne	阿里阿德涅
Aristaeus	阿瑞斯泰俄斯
Atalanta	亞特蘭妲
Atlas	阿特拉斯
Augeas	奧革阿斯
Aurora	奧羅拉
Bacchus	巴克斯
Battus	巴圖斯
Baucis	鮑西絲
Bellerophon	貝勒羅豐
Boreas	玻瑞阿斯
Cadmus	卡德摩斯
Callisto	卡利斯托
Cassandra	卡珊德拉
Cassiopeia	卡西歐佩亞
Celeus	塞勒烏斯
Cerberus	克爾柏洛斯

Ceres	刻瑞斯
Charon	卡戎
Chimaera	奇美拉
Circe	喀耳刻
Cold	寒冷之神
Cupid	邱比特
Cyclopes	庫克洛普斯
Cycnus	庫克諾斯
Cyrene	昔蘭尼
Daedalous	代達洛斯
Danae	達娜厄
Daphne	達芙妮
Dejanira	德伊阿妮拉
Diana	黛安娜
Discord	不和女神
Dryades	德律阿得斯
Electra	厄勒克特拉
Enceladus	恩克拉多斯
Ephialtes	厄菲阿爾忒斯
Epictetus	埃皮克提圖
Epimetheus	艾比米修斯

289

Appendix I

Eris	厄莉絲
Erisichthon	厄律西克同
Europa	歐羅巴
Eurydice	歐律狄刻
Eurystheus	歐律斯透斯
Famine	飢餓之神
Fates	命運三女神
Fear	恐懼之神
Furies	復仇三女神
Gaea	該亞
Galatea	伽拉忒亞
Ganymede	伽倪墨得斯
Glaucus	格勞科斯
Gordias	戈耳狄俄斯
Graces	美惠三女神
Guido Reni	圭多・雷尼
Halcyone	哈爾西歐尼
Harpies	哈比
Hebe	赫柏
Hecate	黑卡蒂
Hector	赫克托爾

Helen	海倫
Helios	海利歐斯
Hercules	海克力斯
Hesperides	赫斯珀里得斯
Hesperus	赫斯珀洛斯
Hippomenes	希波墨涅斯
Homer	荷馬
Hunger	飢餓女神
Hyacinthus	雅辛托斯
Hydra	海德拉
Hymen	海曼
Icarus	伊卡洛斯
Io	伊俄
Iobates	伊奧巴特斯
Iris	伊麗絲
Jason	伊阿宋
Juno	朱諾
Jupiter	朱比特
Laocoon	勞孔
Latona	拉托娜
Mars	瑪爾斯

Appendix I

Medea	美狄亞
Medusa	梅杜莎
Melampos	墨蘭浦斯
Memory	謨涅摩敘涅
Menelaus	墨涅拉俄斯
Mercury	墨丘利
Merope	墨洛珀
Midas	彌達斯
Minerva	米娜瓦
Minos	米諾斯
Minotaur	米諾陶洛斯
Momus	摩墨斯
Morpheus	摩耳甫斯
Muses	繆斯
Neptune	涅普頓
Nereids	涅瑞伊得斯
Nestor	涅斯托耳
Nymphs	寧芙
Oceanus	歐開諾斯
Orion	俄里翁
Orpheus	俄耳甫斯

Otus	俄托斯
Ovid	奧維德
Pallas Athene	帕拉斯・雅典娜
Pan	潘
Pandora	潘朵拉
Paris	帕里斯
Patroclus	派特羅克洛斯
Pegasus	佩加索斯
Peleus	佩琉斯
Pelias	珀利阿斯
Penelope	珀涅羅珀
Peneus	佩紐斯
Perseus	柏修斯
Pgymy	俾格米
Phaeton	法厄同
Philemon	費萊蒙
Phineas	菲尼亞斯
Pleasure	歡愉之神
Pleiades	普勒阿得斯
Plenty	豐收女神
Pluto	普路托

Appendix I

Polydectes	波呂德克特斯
Pomona	波摩納
Priam	普里阿摩斯
Prometheus	普羅米修斯
Proserpine	普洛塞庇娜
Proteus	普羅透斯
Psyche	賽姬
Pygmalion	皮格馬利翁
Python	培冬
Satyrs	薩堤爾
Seasons	四季之神
Scylla	斯庫拉
Shuddering	戰慄
Sinon	西農
Sintians	新提亞人
Sirius	西裡亞斯
Somnus	索莫納斯
Telemachus	鐵拉馬庫斯
Tellus	特魯斯
Terminus	特米努斯
Theseus	忒修斯

Thetis	忒提斯
Titans	泰坦
Tityus	提堤俄斯
Tmolus	特摩羅斯
Triton	特里頓
Trojans	特洛伊人
Ulysses	尤利西斯
Venus	維納斯
Vertumnus	維爾圖努斯
Virgil	維吉爾
Virture	美德之神
Vulcan	兀兒肯努斯
Zephyrs	澤費羅斯

Appendix I

Appendix II

重要地名對照表

Acropolis	阿克羅波利斯
Aetna	埃特納
Alpheus	阿爾菲奧斯河
Arcadia	阿卡狄亞
Argos	阿爾戈斯
Mount Atlas	阿特拉斯山
Attica	阿提卡
Colchis	科爾基斯
Corinth	科林斯
Crete	克里特島
Cyane	塞恩河
Cyprus	賽普勒斯
Delos	提洛島
Delphi	德爾菲
Elis	厄利斯
Enna	恩納

Appendix II

Ethiopia	埃塞俄比亞
Ida	伊達
Ionian	愛奧尼亞
Ithaca	伊薩卡
Lemnos	利姆諾斯島
Lethe	遺忘河
Lycia	呂基亞
Maeander	邁安德河
Mars Hill	瑪爾斯山
Mosychlos	摩西克羅斯
Nemea	尼米亞
Olympia	奧林匹亞
Ossa	奧薩山
Pactolus	派克託洛斯河
Parnassus	帕納塞斯
Parthenon	帕德嫩
Pelion	皮立翁山
Peneus	佩紐斯河
Phrygia	佛里幾亞
Pylos	皮洛斯

Samos	薩摩斯島
Scythia	斯基提亞
Seriphus	塞里福斯
Sicily	西西里島
Sparta	斯巴達
Styx	冥河
Terminalia	特米那利亞
Thebes	底比斯
Thessaly	色薩利
Thrace	色雷斯
Trachine	特拉齊恩
Troezen	特洛曾

國家圖書館出版品預行編目資料

打開希臘神話之門，38 則故事帶你穿梭英雄的試煉和眾神的祕密：天神的恩怨情仇、英雄的冒險挑戰、凡人的奇遇傳說，看見最奇幻的希臘世界！ / [美] 卡羅琳．舒爾文．貝利（Carolyn Sherwin Bailey）著，侯旭明 譯 . -- 第一版 . -- 臺北市：複刻文化事業有限公司 , 2025.03
面；　公分
POD 版
譯　自：Wonder stories : the best myths for boys and girls
ISBN 978-626-7671-59-7（平裝）
1.CST: 希臘神話
284.95　　　　　　　　　　114002755

電子書購買

爽讀 APP

臉書

打開希臘神話之門，38 則故事帶你穿梭英雄的試煉和眾神的祕密：天神的恩怨情仇、英雄的冒險挑戰、凡人的奇遇傳說，看見最奇幻的希臘世界！

作　　　者：	[美] 卡羅琳．舒爾文．貝利（Carolyn Sherwin Bailey）
翻　　　譯：	侯旭明
責任編輯：	高惠娟
發 行 人：	黃振庭
出 版 者：	複刻文化事業有限公司
發 行 者：	崧燁文化事業有限公司
E - m a i l：	sonbookservice@gmail.com
粉 絲 頁：	https://www.facebook.com/sonbookss
網　　　址：	https://sonbook.net/
地　　　址：	台北市中正區重慶南路一段 61 號 8 樓

8F., No.61, Sec. 1, Chongqing S. Rd., Zhongzheng Dist., Taipei City 100, Taiwan

電　　　話：	(02) 2370-3310	傳　　真：	(02) 2388-1990
印　　　刷：	京峯數位服務有限公司		
律師顧問：	廣華律師事務所 張珮琦律師		

-版權聲明

本書版權為樂律文化所有授權複刻文化事業有限公司獨家發行電子書及繁體書繁體字版。若有其他相關權利及授權需求請與本公司聯繫。
未經書面許可，不得複製、發行。

定　　　價：420 元
發行日期：2025 年 03 月第一版
◎本書以 POD 印製